佛陀

一個覺醒的人

紐約時報暢銷書《神的歷史》作者
凱倫・阿姆斯壯（KAREN ARMSTRONG）—— 著

林宏濤 —— 譯

A Lipper / Penguin Book

謹將本書獻給林賽・阿姆斯壯（Lindsey Armstrong）

——我的佛學姐妹

佛陀

一個覺醒的人

目次

譯序

林宏濤

佛陀晚年的時候，他的故鄉迦毘羅衛城被拘薩羅王攻陷，族人幾無倖免於難。不到六十歲的時候，他的兒子羅睺羅就過世了。撫養瞿曇（佛陀的另一古譯名）長大成人的姨母摩訶波闍波提，因為「不忍見佛般泥洹」，也先佛陀而捨壽命。在佛陀最得意的弟子舍利弗和目犍連相繼去世之後，佛陀在摩偷羅國跋陀羅河側傘蓋菴羅樹林中舉行布薩，在皎潔的月華下，他感傷地說：「比丘們啊，這個集會使我感到空虛惆悵，因為舍利弗和目犍連都逝世了。」儘管佛陀非常落寞，卻還是提醒弟子們：「是故比丘，汝等勿生愁憂苦惱。何有生法、起法、作法、為法、壞敗之法而不磨滅。欲令不壞，無有是處。我先已說，一切可愛之物皆歸離散，我今不久亦當過去。是故汝等當知，自洲以自依，法洲以法依，不異洲、不異依。」「常者皆盡，高者亦墮，合會有離，生者必死。」心愛的人總會別離，世界上沒有任何事物是恆久不壞的，佛陀不久也會離開，弟子們必須依靠自己，依靠法。

這真是令人鼻酸的一幕，佛陀很少這麼感傷，雖然這個八十歲的老人比他的弟子們都要看得開。但是我們也看到佛陀晶瑩圓潤的人格躍然紙面，他是個覺者，體證了宇宙生死流轉的真相和涅槃解脫的道路。顏回過世，孔子說：「噫，天喪予，天喪予，」悲痛之情溢於言表。佛陀儘管也感到黯然神傷，卻隨即釋懷，對弟子們解說無常的道理，並且要他們以自己和正法為依止的洲島，覺者風範如斯！

佛教經典裡對於佛陀事蹟記述的不完整，那不只是因為後來的佛教不主張個人崇拜的關係。事實上，佛教從歷史宗教發展到世界宗教的過程中，處處可見神格化和偶像崇拜的痕跡；我們或許可以說那是「佛弟子的永恆懷念」（印順導師語）。完整佛傳之缺如，應該是印度古代缺乏現代意義的歷史的觀念，從史詩《摩訶婆羅多》裡歷史事件與神話之雜揉，時間次第隨詩人的想像馳騁而混亂不堪，便可窺見一斑。現代史家只能根據有限的經典敘事探賾索隱，鉤深致遠，還原作為歷史人物的佛陀的生平。而既然是個傳記人物，在方法上很自然地就會排除神格化的敘述，這與在其他經典裡神通自在的佛陀形象也會有些差距。我們看到的，便是個生活安逸卻不快樂的人，矢志離家求道，經過崎嶇道路，中夜證得菩提，而後遊行諸國，宣說他所發現的正法，建立僧團，其間也曾遭到橫逆，最後服從生命的法則，安詳地離開人間。

佛陀求道的經歷，或許是他的傳記裡頭最具戲劇性的故事。四門出遊讓王子見識到生老病死而生大怖畏，生起了出離的念頭。國王為了阻止王子出家，試圖以種種聲色犬馬讓瞿曇沉溺其中。在夜夜笙歌的宮殿裡，瞿曇百無聊賴，寅夜中看到諸歌女醜陋的睡姿，唾液橫流，鼾聲囈語，袒胸露乳，情不自禁地嘆道：「真是禍患啊，真是悲慘啊！」出家的決心更加堅定了。出家的王子選擇了極端的苦行，日食一粒胡麻或一粒米，有時候則完全斷食。天人的供養也被他拒絕。有一次因為作無息禪觀而幾乎喪命。六年苦行一無所獲，菩薩心知「苦行非菩提之道」，於是回到城裡乞食，並且接受村女善生的乳糜供養。期間一直護持菩薩的五比丘見狀認為他退轉了，於是忿忿離去。菩薩吃了乳粥，便把鉢投入河裡說：「如果今日可以成佛，那麼這鉢就要逆水而流，停在中途，否則就順水流下去吧。」他知道成佛的時間到了，於是在菩提樹下面向東方結跏趺坐，自誓：「不成正覺，不起此座。」這時候天人歡喜，諸魔恐懼，魔羅以九種風暴、強弓利箭、妖冶欲女，試圖趕退菩薩，到頭來只落得倉皇而逃。佛陀在樹下七七四十九天，順逆觀十二因緣，成就四禪，證得一切智。在祥瑞莊嚴中，以偈說道：「尋求造屋匠而不得，多生在輪迴界輾轉受苦之生死；屋匠啊，你今天被找到了，毋須再造屋子。你的桷材梁棟已破毀，能滅的心已把諸愛滅盡了。」

以巴利文經典爬梳史料，凱倫・阿姆斯壯筆下的悉達多・喬達摩，帶給讀者許多感動。如果人皆有佛性，都有證道的可能，那麼他們或許比較喜歡知道佛陀「原來和我沒什麼不同」。離家前的悉達多潛回宮中，想見妻兒最後一面，而不敢叫醒他們，怕愛情和親情會把他留下來，這裡頭應該有許多掙扎和不捨。證道的佛陀感到「佛法的深奧，眾生的愛著」，曾經有不想說法的念頭，這又使人捏一把冷汗，因為世界差點聽不到聖哲的教法。風燭殘年的佛陀撐著破屋子般的身體，經歷過世事滄桑，仍然不放棄眾生，四處遊行說法，佛陀的悲願濃得化不開。而時常和佛陀作對的魔羅，作者則說那是潛意識裡的黑暗力量，這樣的悉達多似乎又更接近我們一些。

作者認為悉達多的妻子耶輸陀羅在他出家後，一定很怨他，也批評佛教裡的男性沙文主義，認為那應該不是佛陀的本懷。可惜作者在書裡對於耶輸陀羅著墨不多，不如在這裡講個耶輸陀羅的故事吧。

有一天，佛陀認為兒子羅睺羅可以出家了，於是遣使目犍連到城裡。耶輸陀羅聞訊，就把羅睺羅關在樓閣上，目犍連向王妃說明來意，被王妃狠狠地數落一頓：「瞿曇為王子時，娶我為妻。我奉事王子，如事天神，沒有任何過失。夫妻不滿三年，他就捨五欲樂，出城苦行去了。國王要接他回家，他違逆不從，把車匿和白馬犍陟趕回來。當時他發誓說，證道了就會歸來，披鹿皮衣，像個瘋子似的，隱居山澤。六年以後總算回家，卻連一面都不肯相見。忘恩負義，比路人還不如。他遠離父母，寄居他邦，讓我們母子守孤抱窮，無有生賴，唯死是從，可是人命關天，我怎麼可以想不開？我只能懷毒抱恨，強存性命，雖居人類，不如畜生，天底下有更悲慘的生活嗎？現在他又遣使要我兒子出家，天底下有更殘酷的事嗎？王子成道，自言慈悲。慈悲之道，應安樂眾生，現在反而要拆散別人母子。苦中之甚，莫若恩愛離別之苦。以是推之，何慈之有？」

目犍連實在講不過她，只好向王后摩訶波闍波提求救。婆婆到宮裡想要勸說媳婦一番，不料又被耶輸陀羅搶白道：「我在家時，八國諸王，競相來求婚，父母一概不許。那是為什麼？釋迦族的王子，才藝過人，是故父母，以我配之。如果王子當時知道他要出家學道，為什麼要來殷勤求婚？男人娶妻，正為恩好，聚集歡樂，萬世相承，子孫相續，紹繼宗嗣，世之正禮。王子出家就算了，現在又要羅睺羅也出家，讓王室永遠斷了子嗣，這是什麼道理？」耶輸陀羅義正辭嚴，說得婆婆「默然無言，不知所云」。

故事到這裡陷入了死胡同，不得不請出解圍之神（deus ex machina）。於是，佛陀出現在空中，對耶輸陀羅曉諭前世今生，說她在前世求菩薩共為夫妻，菩薩不忍拒絕，便說，如果她立誓說「世世所生，國城妻子，及與我身，隨君施與」，他就願意娶她。現在怎麼反悔了？耶輸陀羅被打敗了，「霍然還識宿世因緣，事事明了，如昨所見」，只好把目犍連叫回來，執起羅睺羅的手，交給了目犍連，與子離別，涕淚交流。

有一說耶輸陀羅於菩薩出家六年之後才生下羅睺羅，整個國家的人都懷疑王妃的貞操。耶輸陀羅抱著孩子站在火堆前面說：「我沒有犯錯，孩子真的是王子的，如果我犯了錯，我們母子情願葬身火窟。如果我沒有犯錯的話，願天人護佑我們。」說完了就縱身火堆，在眾人驚呼當中，只見火燄中化現蓮花，把母子托在上面，安然無恙，國人這才相信王妃的貞潔。只能說耶輸陀羅真是個烈性的女子。

佛陀時代的恆河平原

喜馬拉雅山
藍毗尼
尼泊爾
拘尸那羅
拘利國
毘提訶、跋耆
末羅國
甘達克河
昆舍離
離車毘國
臘摩國
恆河
戈西河
華氏城
尼連禪河
占婆
那爛陀
伽耶
王舍城
頻羅村
摩揭陀國
恆河
巴吉拉提河
孟加拉
哈札里巴山
加爾各答
眈摩栗底國
0 Miles 100
0 Kilometers 200
孟加拉灣

喜馬拉雅山
天帝城（德里）
迦毘羅衛城
釋迦國
卡格拉河
舍衛
拘薩羅國
婆翅多
（阿逾陀
勒克瑙
雅木納河
恆河
戈默蒂河
普拉亞格（安拉哈巴德）
波羅
憍賞彌
中國
阿富汗
巴基斯坦
不丹
德里
尼泊爾
緬甸
印度
孟加拉
阿拉伯海
孟加拉灣
斯里蘭卡

導論

有些佛教徒或許會說，撰寫悉達多．喬達摩（Siddhatta Gotama）的傳記是「非佛事」。在他們看來，權威再怎麼偉大，都不應該崇拜它：佛教徒應該發心自力解脫，而不是依賴一個有領導魅力的領袖。西元九世紀的一個禪師——他創立了臨濟宗[*1]——甚至對弟子說：「見佛殺佛！」以強調獨立於權威人物之外是很重要的事。喬達摩或許不贊成這麼暴力的觀點，但是他終其一生都在對抗個人的崇拜，而一直要轉移弟子們對他的依賴。其實最重要的不是他

編按：本書注解分為原書注及譯者注。原書注編號為1.、2.、3.……做隨頁注；譯注編號為*1.、*2.、*3.……則列於章末。

的生命和人格，而是他的教法。[*2]他相信他已經證得了銘刻於最深層的存在結構裡的真理。那就是一個「法」（dhamma）；這個字有許多涵義，但是原本指的是諸神、人類和動物生命的根本法則。透過這個真理的發現，喬達摩證得菩提，並且體會到甚深的內在轉變；在生死流轉中，他得到安穩且不受後有。喬達摩因而成佛，也就是成為覺者或智者。他認為任何弟子都可以證得相同的菩提，只要他們遵循這個道。但是如果人們開始崇拜喬達摩這個人，他們就會忘失其道業，那麼這個崇拜就會變成一個道具，導致無謂的依賴，那只會是個障道因緣。

佛教的經典裡便忠於這個精神，其中似乎很少告訴我們喬達摩的生活和性格的細節。因此我們顯然很難撰寫一本合乎現代標準的佛陀傳記，因為我們的資料很少是有史可徵的。證明有個稱為佛教的宗教存在的第一個外在證據，是阿育王（Aṣoka）的刻敕，他在大約西元前二六九到二三二年間統治北印度的孔雀王朝（Mauryan）。但是他比佛陀晚了兩百年。史不足徵的結果，使得有些十九世紀的西方學者，甚至懷疑喬達摩這個歷史人物的存在。他們認為他只是當時盛行的數論（Sāṃkhya）哲學的人格化，或是太陽崇拜的象徵。不過現代學者已經拋棄這種懷疑論的立場，而主張即使佛典中少有如「福音般的真理」，我們還是可以合理相信悉達多．喬達摩的確存在，而他的弟子們也盡其所能地保存對於他的生平和教法的回憶。

在發掘佛陀的故事時，我們依據卷帙浩繁的佛典，它們以多種亞洲語言寫成，在圖書館裡得佔好幾層書架。當然這些經典的集成相當複雜，其中許多部分的地位也有爭議。一般相信最有用的是巴利文（Pāli）經典，那是北印度某個起源不詳的方言，似乎很接近摩揭陀語（Magadhan），喬達摩可能也使用這種語言。佛教徒把這些聖典保存在斯里蘭卡、緬甸和泰國，它們均屬於上座部佛教。直到阿育王的時代，書寫文字才開始普及，然而巴利文經典始終以口傳保存，而且在西元前一世紀時，可能都還沒有文字記載。那麼，這些聖典是如何集成的呢？

保存佛陀的生平和教法的傳說，似乎是從他涅槃（Nibbāṇa）後不久的西元前四八三年開始。當時的佛教僧侶過著遊行的生活；他們遊行過恆河平原的許多城市和鄉鎮，傳授人們證得菩提和離苦得樂的教法。然而在雨季時，他們無法上路，於是聚集安居於各個精舍，在雨安居[*3]期間，僧眾討論教法和修行的問題。巴利文經典說，佛滅後不久，僧侶召開結集佛陀經律的大會。事隔五十年，北印度東區的僧眾似乎還能記得他們偉大的導師，其他人則以更正式的方法結集他們的見證。他們不可以寫下來，但是瑜伽的修行給了他們非常好的記憶力。於是他們發展出記誦佛陀說法和戒律細節的方法。或許正如佛陀所說所制，他們也以偈頌的方式記說他的教法，甚至可以唱誦；他們也發展出特定的表述形式和反覆唱誦的風格（這在現今的經典裡仍然可見），以幫助比丘們記憶。他們把經教和戒律區分為性質不同但相互重疊的部分，[*4]有些比丘則負責記誦這些文集以流傳後世。

佛滅約百年後，僧團召開第二次結集大會，這次結集的經典似乎很接近現在的巴利文佛典的形式。我們經常稱之為「三藏」（Tipiṭaka），因為經典寫成之後會安置在三個篋子裡：分別為《經藏》（Sutta Piṭaka）、《律藏》（Vinaya Piṭaka），以及《論藏》（Abhidhamma Piṭaka）。這三藏各自又細分如下：

一、《經藏》，包含五部（nikāya），[*5]**是為佛說：**

（一）《長部》（Dīgha Nikāya），是三十四部長篇論述，主要是關於比丘之修行、在家眾的義務，以及印度在西元前五世紀時宗教生活之種種面向。不過其中也有關於佛的種種具足的解說（《自歡喜經》〔Sampasādaniya〕）、及佛陀的晚年（《大般涅槃經》〔Mahāparinibbāṇa〕）。

（二）《中部》（Majjhima Nikāya），是為一百五十二部中篇經典（suttas）。包括佛陀的許多故事、求道的過程、早期的說法，以及部分核心的教義。

（三）《相應部》（Saṁyutta Nikāya），共五品（二八八九經），根據主題分類，論述如八正道以及十二因緣之類的問題。

（四）《增支部》（Aṅguttara Nikāya），共十一集，大部分在其他經典都出現過。

（五）《小部》（Khuddaka-Nikāya），次要經典之集成，包括著名的《法句經》（Dhammapada），是佛陀的雋語偈詩集；《自說經》（Udāna）則是如來之警語，大部分是偈頌的形式，其中有因緣總序，闡明每個人如何得以解脫；《經集》（Sutta-Nipāta），也是偈頌集，包括佛陀的某些傳說；以及《本生經》（Jātaka），關於佛陀及其弟子前世的故事，以說明人們的「業」（kamma）如何影響到他們未來的存在。[*6]

二、《律藏》，記載佛所制定之諸戒律。分為三大部：

（一）《經分別》（Sutta Vibhanga），[*7]列舉了二百二十七條戒，犯戒者必須在每半月之集會裡[*8]懺悔，經典裡也說明制戒之因緣。

（二）《犍度》（Khandhakha），又分為大品（Mahāvagga）和小品（Culla-vagga），[*9]包括受戒、安居和儀式的規定，也有制戒因緣的說明。在這些說明裡，都保存了許多關於佛陀的重要傳說。

（三）《附隨》（Parivāra），戒條之解釋和分類。*10

而《論藏》則偏重哲學和教義的分析，和傳記寫作比較沒有關係。

第二次結集之後，佛教發生了派系分立的運動，分裂為許多部派。每個部派都保存了這些經典，但是都經過重新整理，以配合他們自己的教義。一般說來，似乎沒有任何文獻被摒棄，即使其中有增補和改作。上座部的巴利文經典當然不是「三藏」的唯一版本，卻是唯一完整保存下來的經典。不過印度某些失佚的文獻片段，可以在後來中譯和藏譯經典裡發現，其中有我們所見最早的梵文經典。所以即使這些經典是在西元五到六世紀才迻譯，這大約是在佛滅的千年之後，其中有些部分仍然相當古老，可以和巴利文聖典對觀。

從以上的簡單說明，可以歸結出我們引用經典資料的若干立場。第一、經典皆聲明為佛所說，而沒有比丘們的增補。口傳的方式使我們無法知道個別的作者；佛教經典也不同於《馬太福音》、《馬可福音》、《路加福音》和《約翰福音》的寫作，每部福音書都有作者個人風格的觀點。對於佛典結集和編纂的比丘們以及後來的抄寫者，我們一無所知。第二、巴利文經典自然是反映上座部的觀點，而且可能為了論爭而歪曲原典精神。第三、儘管比丘們有經過瑜伽訓練的記憶力，這種口傳方式難免有瑕疵。許多文獻可能已經失佚，有些被誤解，而比丘們後來的觀點也顯然投射到佛陀身上。我們無法分辨哪些故事和教法是真正佛說的，哪些是偽造的。經典沒有辦法給與我們滿足現代科學史學標準的資訊。它們只能說是反映了巴利文聖典形成時（也就是佛滅後三代之間）關於悉達多的傳說。後來西藏和中國的經典當然也包含某些古老文獻，但是它們也代表著這些傳說更加晚近的發展。而且事實上，現在發掘最古老的巴利文經典，也不過大約五百年前的歷史。

但是我們不必因此就洩氣。經典裡的確有些似乎可信的歷史資料。我們對於西元前五世紀的北印度所知甚多，正如耆那教（Jains）的經典所述，耆那教和佛陀大約在同一個時代。這些經典明確提到吠陀（Veda）宗教，而這是後來撰寫經論的佛教徒大部分都避而不談的；我們也知道許多歷史人物，像是摩揭陀國的頻婆娑羅王（Bimbisāra），也知道城市生活的興起，以及該時期的政治、經濟和制度，正如考古學家、語言學家和歷史學家所發現的。因此，學者們現在相信有些經典可能是出自原始佛教時期，而我們確實也很難接受十九世紀時認為佛陀只是佛教的杜撰的人物的說法。而且由於整個教法都有其一致性和融貫性，指向一個原初的智慧，使得我們也很難將之視為集體的創作。經典裡部分的話語當然有可能是出自悉達多・喬達摩，雖然我們無法確定是哪些。

從巴利文聖典，我們還看到一個重要的事實：聖典裡頭沒有關於佛陀生平的連續性敘事。佛陀的軼事只是教法的點綴，作為敷演教義和戒律的緣起。佛陀在說法時，有時候會對弟子談到他早年的生活或他的證道。但是絕對不像是在猶太教或基督宗教聖經的摩西或耶穌那樣有完整的年代解說。後來的佛教徒的確寫了詳盡而前後相續的佛陀傳記。我們有藏譯的《普曜經》（Lalita-Vistara）（西元三世紀），以及巴利文的《本生經因緣總序》（Nidāna Kathā）（西元五世紀），後者是對於《本生經》（Jātaka）的經釋。由西元五世紀的佛音（Buddhaghosa）確立最後形式的經釋，也可以幫助讀者釐訂經典裡散見各處的不連貫事件的年代順序。但是即使這些晚出的故事也有闕文。其中對於佛陀證道後四十五年間的傳法幾乎沒有詳細的敘事。《普曜經》止於佛陀的初轉法輪，而《本生經因緣總序》則談到佛教在拘薩羅國（Kosala）首都舍衛城（Sāvatthī）建立第一所精舍[*11]為止，那是佛陀剛開始四處遊化的時期。在佛陀的傳法裡，有二十年的時間沒有任何事蹟記載。

這些似乎可以指出，那些主張歷史性的悉達多故事並不重要的佛教徒，他們是對的。而北印度的人民對於我們所謂的歷史確實也不感興趣，他們更關心的是歷史事件的意義。其結果是，大部分西方人認為不可或缺的資料，在經典裡卻付之闕如。我們甚至不確定佛陀活在哪個世紀。傳統上認為他於西元前四八三年涅槃，但是中國的文獻卻認為他直到西元前三六八年才入滅。如果連佛教徒自己都不關心佛陀的生平，那麼我們為什麼要為悉達多的傳記傷腦筋呢？

但是並不完全是如此。學者們現在相信，後來延伸的傳記是以早期關於喬達摩生平的敘述為藍本，那是在第二次結集時誦成的，現在已經佚失。再者，經典顯示出最早的佛教徒非常重視喬達摩生平裡的若干關鍵時期：他的誕生、出家、成等正覺、初轉法輪以及入滅。這些都是非常重要的事件。我們或許對於喬達摩生平的若干層面不得其門而入，但是我們可以相信，這些關鍵事件所描繪的梗概應該無誤。佛陀總是強調他的教法完全是於現法自證現證的。他不曾探究其他人的觀點或是發展什麼抽象的理論。他是從自己的生命歷史裡得到結論的。他教導他的弟子們說，如果他們想證道，就必須出離成為托缽僧，並且像他一樣修瑜伽行。他的生活和言教是密不可分的。他的哲學基本上是自傳式的，聖典和經釋裡所描繪的佛陀生平輪廓，是作為其他佛教徒的典範和鼓勵。正如他所說的：「見我者即見法，見法者即見我。」[*12]

任何主要的宗教人物都有個特色。現代的新約學者證明，我們對於歷史上的耶穌的認識其實比我們自認為的還要少得多。「福音的真理」並不是像我們假設的那樣無懈可擊。但是這並無礙於幾百萬人遵主聖範，把他的憐憫和受難的經歷當作新生活的指引。耶穌當然存在，但是他在福音書裡的故事表現為某種典範。基督信徒在挖掘自己的問題核心時，總會回想到他。的確，只有在人們經歷某種意義下的人格轉化，才有可能完全瞭解耶穌。佛陀也是如此，直到二十世紀，他都可能是最有影響力的人物之一。他的教法在印度盛行了一千五百年，然後傳到西藏、中亞、中國、韓國、日本、斯里蘭卡以及東南亞。對於數百萬人而言，他已經是人類情境的典範。

因此，理解佛陀大抵上和他的教法印契的生平，可以幫助我們所有人瞭解人類的困境。但是二十一世紀的傳記通常不會這麼寫；我們無法從這樣的傳記裡追溯實際上發生了什麼事，也無法發現佛陀生平裡任何有爭議性的新事實，因為沒有任何經典裡的事件可以真正說是在歷史上實際發生過。歷史只是告訴我們有這些傳說，而我們只能概括接受巴利文經典在佛滅後一百年所發展的形式。現在，許多讀者會發現這傳說的若干側面並不可信：喬達摩生平裡比較俗世且在歷史上可信的事件，經常夾雜著諸神和神通變現的故事。而現代的歷史評論通常有個拇指定律，他們會把神蹟的事件解釋為後人的穿鑿附會之說。

但是如果我們也這樣解釋巴利文聖典，就會扭曲了這些傳說。我們會無法確定說，相較於所謂的預兆和奇蹟，比較正常的事件是否更加接近原始的傳說。開展這些聖典的比丘們，當然會相信諸神的存在，即使他們視之為有限的存有者；而且我們也會看到，他們也開始把諸神視為人類心理狀態的投射。他們同時相信，瑜伽深行可以使瑜祇獲得「悉地成就」（siddhi）（神通）；修習瑜伽可以訓練心靈行種種神通，正如奧林匹克運動員訓練出來的體能，可以給與他常人無法企及的力量。人們想像瑜伽行者有神足通、他心通、宿命通等，結集聖典的比丘們會認為佛陀想當然爾地也會這些事，即使佛陀自己對神通頗有微詞，認為應該避免行神通。而我們會看到，「神通的故事」通常是用來告誡弟子，說明炫耀大威德力並沒有什麼意義。

巴利文經典裡記載的許多故事都有個譬喻或象徵性的意義。早期的佛教徒重視的是聖典裡的意義，而不是歷史上真實的細節。我也發現，在後來的傳記中，像是《本生經因緣總序》，在關於喬達摩的決定出家和證道的事件上，有別於巴利文聖典裡簡略而學術性的敘述，它解釋得更加仔細。這些後出的故事比聖典充斥著更多神話的元素：天人出現、大地震動、城門被天人神奇地打開。同樣地，如果想像這些神蹟的細節是後來的人附會到原始傳說的，那會是個錯誤。這些晚出而有連貫性的傳記，可能是根據在佛滅後百年間創作、而後失佚的生平傳說，大概就在巴利文聖典集成之時。早期的佛教徒並不在意這些明顯有神話色彩的故事和聖典的差異。它們只是對於這些事件的不同詮釋，突顯故事的精神和心理意義。

但是這些神話和奇蹟顯示，即使是相信佛陀應該僅僅被視為一個導師和典範的上座部佛教，也開始把他當作超人。而更加普及的大乘佛教則是真正把喬達摩給神化了。人們過去認為上座部代表佛教比較純粹的形式，而大乘是其轉訛。但是現在的學者則認為兩者同樣的真實。上座部始終強調瑜伽的重要，崇拜那些成為阿羅漢的比丘們，他們像佛陀一樣，都已成等正覺。但是把佛陀尊為人類生死流轉中的永恆臨在以及崇拜對象的大乘佛教，卻也保存了在巴利文聖典裡同樣強調的其他價值，特別是慈悲心的重要性。他們覺得上座部太過狹隘而不知變通，而阿羅漢只是自私地追求自己的證道。他們偏好崇拜菩薩（Bodhisatta）的形象，菩薩是授記將要成佛的男人或女人，為了把解脫道傳給

「眾生」，雖久證菩提而不取涅槃。而我們會看到，佛陀認為比丘們也應該如此。兩者都抓住重要的長處，也都失去了某些東西。

喬達摩不要個人的崇拜，但是像他這樣的典範人物，如蘇格拉底、孔子和耶穌，不是被尊崇為神，就是聖人。即便是先知穆罕默德，他總是堅持自己是個平常人，但是穆斯林還是尊他為聖人，是完全服從（islām）真主的原型。這些人的存在和成就的浩瀚無垠，似乎無法以平常的範疇去測度。巴利文聖典裡的佛陀傳說顯示喬達摩正是如此，即使這些神奇的故事不可能是完全真實，但它還是告訴了我們人類存在的目的。像耶穌、穆罕默德、蘇格拉底一樣，佛陀教導男人和女人如何超越世界和其中的苦，如何走出人性的狹隘和自私，因而發現絕對的價值。他們都試著要讓人類更認識自己，喚醒他們全部的潛能。如此聖典化的個人傳記，當然無法滿足現代科學史學的標準，但是在研究巴利文聖典和相關經文裡表現的原型人物時，我們知道更多關於人的宏願，對於人類的課題這方面也有了新的洞見。這個典範性的故事，對於人類在一個充滿缺憾而且痛苦的五濁惡世裡的處境，界定了另一種不同的真理。

但是佛陀的傳記還有另一個挑戰。舉例說，福音書把耶穌表現為具有個人特質的非凡人物；特別的措辭方式，深邃的心情和掙扎、暴怒和恐懼的時刻，都被保存下來。但是佛陀卻不是這樣，他被表現為某種類型，而不是某個個人。在他的談話裡，我們看不到突如其來的諷刺、攻擊或是雋永的話，就像在耶穌或蘇格拉底的談話裡讓人津津樂道的。他的談話就像是印度的哲學傳統所要求的：莊嚴、拘謹、不顯露個性。在他證道後，我們完全不知道他的好惡、希望和恐懼，或是沮喪、高興或渴望的時刻。我們只看到常人不能及的隨順和自制，超越個人膚淺好惡的高貴情操，以及深邃的平靜。佛陀經常被比喻為其他生物，動物、樹或植物，不是因為他比人類低劣或麻木不仁，而是因為他完全超越了我們認為和人性不可分的我執。佛陀想要發現成為人的新方法。在西方國家，我們很重視個人主義和自我表現，但是這很容易流於自私自利。我們看到的喬達摩，是完全且令人驚嘆的自我捨離。如果佛陀看到聖典沒有把他描述為完整的「個人」，他也不會很意外，而會說，我執是很危險的妄念。他會說他的生平沒什麼與眾不同的。在他之前有無量諸佛，每個佛都說相同的法，也有完全相同的自證現證。根據佛教傳說，曾經有二十五個如此證道的人，而在現在這個歷史時期以後，也就是末法時代，會有另一個佛住世，稱為彌勒（Metteyya），他要來到人間，經歷相同的輪迴。這個佛的原型觀念非常強烈，即使是《本生經因緣總序》裡最著名的「大出離」，在巴利文聖典裡，據說喬達摩的前輩，毘婆尸佛（Vipassī），就有過這個經歷。[*13]經典並不想探索喬達摩獨特的個人成就，而是要開示諸佛乃至所有人類在追求菩提時必經的道路。

喬達摩的故事和我們的時代特別有關係。我們也活在過渡和變動的時期裡，就像西元前五到六世紀的北印度。當時在北印度的人們，體會神聖和發現生命的終極意義的傳統方法，對於我們而言，不是太困難，就是不可能。結果，在現代的經驗裡，空無變成本質的部分。像喬達摩一樣，我們生活在政治暴力的時代，看到人類相殘的恐怖景象。我們的社會一片頹廢委靡，城市生活的絕望和沒有目的，使得我們有時候甚至害怕新的世界秩序的出現。

佛陀求道歷程的許多面向，都很符合現代的特質。他嚴謹的經驗主義和西方文化的實用主義道路若合符節，包括他關於智慧和人格的獨立性的要求。不喜歡超越自然的上帝概念的人們，會很高興佛陀不肯主張有最高存有者。他僅限於探究自身的人性，總是堅持他的經驗完全符合人性，即使是涅槃的究竟實相亦然。那些厭倦於宗教體制的褊狹而不容異說的人們，也會喜歡佛陀的強調慈悲心。

但是佛陀也是個挑戰，因為他比我們大部分的人都要激進。現代社會正悄然形成新的正統教義，有時候稱為「正向思考」；在最壞的情況下，這種樂觀主義的習慣會讓我們像鴕鳥一樣把頭埋進沙堆裡，否認我們自己和別人的痛苦的無所不在，並把自己關在故意的冷漠裡，以保持情緒的穩定。佛陀應該會相當不以為然。在他看來，直到人們能夠承受苦難世界的侵襲，明白無處不苦，並且感受到諸有情的種種煩惱，甚至是和我們敵對的人，我們才能開始梵行生活。而且，大部分的人也還沒有準備好接受像佛陀那樣的自我捨離。我們知道利己主義是不好的；我們知道所有偉大的世界傳統，不只是佛教，都要我們超越自私自利的心。但是當我們追求解脫時，無論是宗教的或是俗世的外衣，我們只是助長自我的觀念而已。許多看似是宗教的觀念，經常只是用來支持或認可自我，而這個信仰的創始者卻是要我們放棄這個自我。我們以為像佛陀這樣的人，在艱苦的掙扎之後，顯然已經摧伏所有自私的心，他會變得不近人情、沒有幽默，而且很冷酷。

然而佛陀似乎不是如此。他或許摒除個人的情緒，但是他所成就的境界使所有遇到他的人都感動莫名。佛陀所臻至的柔軟、隨順、安穩和平等心之恆常甚至不動心的境地，觸動我們最深層的渴望並引起共鳴。人們不會厭惡他的寂然不動，不會因為他不曾偏袒任何人或事物而感到害怕。相反地，他們會受佛陀的感召而依止他。

當人們獻身於他為受苦的人性設置的制度時，他們稱為「皈依」佛。他是在喧囂的利己主義世界裡的棲風谷。在巴利文聖典最動人的故事裡，極度沮喪的國王有一天駕車遊經熱帶叢林的花園。他下車在巨大的樹根之間漫步，這些樹根有人那麼高，他注意到它們「給人信任和信心」。「它們如此安靜；沒有任何刺耳的聲音擾亂他們的寧靜；似乎是可以遠離人群、塵囂和生活的殘酷的隱居地。」望著這些老樹，國王馬上想到佛陀，於是跳上馬車，走了好幾英里，往詣佛所。[*14] 尋找遠離世界的僻靜而又令人神往的地方，完全平等、隨順、安穩，在我們心裡，相信無論窮通順逆，在我們的生命裡有個價值，那個許多人追尋的東西，就是我們所說的「神」。在已經超越我執的限制和偏私的佛陀身上，許多人似乎就在一個人類身上發現這個價值。佛陀的生平挑戰著我們某些最堅定的信念，但是它也可能是個指引。我們或許無法完全遵循他的教法，但是他的夙昔典範，為我們照亮了若干道路，使我們能夠追求更崇高且真正慈悲的人性。

附注：在引述佛教的經典時，我是根據其他學者的譯本。不過我也作了若干程度的修潤，使西方讀者更容易理解。有些主要的佛教名相，在英語世界的言談裡已經很常用，但是過去我們通常是使用梵文的形式，而不是巴利文。為了行文的一致，我一律使用巴利文名詞，所以讀者會看到「kamma」、「dhamma」和「Nibbāṇa」，而不是「karma」、「dharma」和「Nirvana」。

譯注

*1. 臨濟義玄（?-864）。

*2. 即依法不依人。

*3. 雨安居（vāsika），又譯夏安居、結夏、結制安居等，為修行制度，印度雨季三個月期間禁止外出，聚集一處修行，稱為安居。

*4. 九部經或十二部經。

*5. 又譯尼柯耶，意為會眾、部。

*6. 關於《小部》之集成，各部派皆有不同，南傳的《小部》共有十五部，即小誦、法句經、自說經、如是語經、經集、天宮事經、餓鬼事經、長老偈、長老尼偈、本生經、義釋經、無礙解道經、譬喻經、佛史經、若用藏。

*7. 又作《經分律》。主要內容為戒之條文、說明成立之因緣、條文字句之解釋及

---

1. *Majjhima Nikāya*, 89.

條文運用之實例等。包括說明比丘二二七戒之大分別（又作比丘分別），及說明比丘尼三一一戒之比丘尼分別。大分別包括四波羅夷、十三僧殘、二不定、三十捨墮、九十二波逸提、四波羅提提舍尼、七十五眾學、七滅諍；比丘尼分別包括八波羅夷、十七僧殘、三十捨墮、一六六波逸提、八波羅提提舍尼、七十五眾學、七滅諍。

*8. 稱為布薩。

*9. 據巴利經典所載，共二十二犍度，大品包括：出家受具足戒法之受戒犍度，又稱大犍度；布薩犍度；安居犍度；自恣犍度；皮革犍度；藥犍度；迦絺那衣犍度；衣犍度；瞻波犍度；拘睒彌犍度。其次則為十二小品所組成有關刑罰之規定。

*10. 共分十九章：大分別、比丘尼分別、等起之攝頌、無閑省略與滅諍分解、問犍度章、增一法、布薩初解答章與制戒之義利論、伽陀集、諍事分解、別的伽陀集、呵責品、小諍、大諍、迦絺那衣分解、優婆離問五法、等起、第二伽陀集、發汗偈、五品。

*11. 即祇樹給孤獨園，又稱祇園精舍。

*12. 見：《相應部》：「『大德！欲詣見世尊已久，但雖欲往見世尊，唯我身缺乏力。』『止止！跋迦梨！何必見此爛壞之身。跋迦梨！得見法者則見我，見我者乃見法。跋迦梨！見法則見我，見我乃見法。』」

*13. 見：《本生經因緣總序》：「此佛之後，自今九十一劫之昔，有毘婆尸佛之出世。此佛亦行三次弟子之集會，第一集會六百八十萬比丘，第二集十萬，第三集八萬。爾時菩薩為有大神通力，有大威神力之無比龍王。以鏤七寶黃金所製椅子獻與世尊，佛亦向彼預言：『自今經九十一劫，汝將成佛。』此佛之都城名有親，父為有親王，母曰有親妃。破片與帝沙為上首弟子，侍者無憂，月與月友為上首女弟子，波吒梨樹為菩提樹，佛之身長八十肘，身光常滿七由旬，壽命八萬歲。」

*14. 指波斯匿王，見《中阿含．法莊嚴經》：「拘薩羅王波斯匿與長作共俱有所為故，出詣邑名城。拘薩羅王波斯匿至彼園觀。見諸樹下寂無音聲、遠離、無惡、無有人民、隨順燕坐。見已，憶念世尊。拘薩羅王波斯匿告曰：長作，今

此樹下寂無音聲、遠離、無惡、無有人民、隨順燕坐，此處我數往見佛。長作，世尊今在何處，我欲往見。長作答曰：天王，我聞世尊遊釋中，在釋家都邑，名彌婁離。拘薩羅王波斯匿復問曰：長作，釋家都邑名彌婁離，去此幾許。長作答曰：天王，去此三拘婁舍。拘薩羅王波斯匿告曰：長作。可敕嚴駕，我欲詣佛。長作受教。即敕嚴駕。白曰：天王。嚴駕已訖，隨天王意。拘薩羅王波斯匿即昇乘出城外，往至釋家都邑，名彌婁離。」

第一章　大出離

西元前六世紀末的某個夜晚，一個叫作悉達多．喬達摩的年輕人，走出他在喜馬拉雅山下迦毘羅衛城（Kapilavatthu）裡舒適的家，開始他的求道旅程。[1] 據說他那時候二十九歲。他的父親是當時的迦毘羅衛城主，[*1] 他曾為悉達多設三時殿，廣聚綵女；[*2] 悉達多有個妻子和一個剛出生幾天的兒子，但是在他兒子誕生時，悉達多並沒有喜悅之情。他把孩子命名為羅睺羅（Rāhu-

1. 喬達摩的出生和「大出家」的時間至今仍有爭議。西方學者曾經想像他約在西元前五六三年生，因此是在大約西元前五三四年出家，但是最近的學者指出，喬達摩可能到了西元前四五六年才出家。見：Heinz Berchant, "The Date of the Buddha Reconsidered," *Indologia Taurinensin*, 10。

la），意為「繫縛」：[*3]他相信這個孩子會把他禁錮在他認為可憎的生活裡。[2]他渴望的是「開闊」且「如光滑的硨磲貝殼一般圓滿而清淨」的生活，[*4]儘管父親的宮殿富麗堂皇，他卻覺得處處受限，且「擁擠」而「滿佈塵埃」。微不足道的事情和無意義的義務像瘴癘般玷污一切。他越來越心儀和家庭沒有任何牽扯的生活方式，印度的苦行主義稱之為「出家」。[3]肥沃的恆河平原上點綴著的茂密森林，成為數以千計的男子的隱居地，其中甚至有少數女性，他們都離開家庭，以追求他們所謂的「梵行」（brahmacariya），喬達摩決定加入他們的行列。[*5]

那是個很浪漫的決定，卻使愛他的人們非常痛苦。後來佛陀回憶說，他的雙親看到他們的寶貝兒子披著苦行者的袈裟、剃掉頭髮和鬍鬚時，不禁淚流滿面。[4]但是經典也說，悉達多在離家之前，潛行到樓上去，看他妻子和兒子最後一眼，沒有和他們道別就偷偷離開了。[5][*6]他似乎是不放心自己，害怕如果他的妻子求他留下來，他會無法堅持自己的決定。這卻是問題的關鍵，因為就像許多林棲者一樣，他相信是他對於人和事物的執著把他禁錮在煩惱和悲傷的存在當中。有些沙門把這種對於無常事物的渴望和貪著比喻為纏縛心靈的「塵埃」，使心靈無法翱翔在世界的巔峰。這或許是為什麼悉達多把自己的家描述成「滿佈塵埃」。他父親的家一點也不髒，但是裡面充滿許多牽絆他的心的人們，以及他珍愛的事物。如果他要追求梵行，他必須斬斷這個纏縛，以獲得自由。自始悉達多·喬達摩就認為家庭生活無法和究竟清淨梵行相提並論。這不只是印度的苦行者共有的觀念，耶穌也是這麼認為，他告訴他未來的門徒說，如果他們想要跟隨他，就必須離開他們的妻子和小孩，放棄他們的父母親。[6]

因此，喬達摩並不符合我們現在對於「家庭價值」的崇拜。和他同時代或是年代相近的其他地方的人，也不會同意他的想法，例如孔子（551-479

---

2. 喬達摩的兒子叫羅睺羅，傳統上認為意為「繫縛」。有些現代學者質疑這個語源。
3. *Majjhima Nikāya*, 36, 100.
4. Ibid., 26, 36, 85, 100.
5. *Jākata*, I:62.
6. *Luke* 9:57-62; 14:25-27; 18:28-30.

B.C.）和蘇格拉底（Socrates, 469-399 B.C.），他們當然不是家庭至上的男人，但是他們卻和喬達摩一樣，成為那個時代人類的精神和哲學發展的關鍵人物。為什麼要拋棄家庭呢？後來的佛教經典對於喬達摩的捨棄家庭和他的「大出離」，發展出繁複的神話解釋，我們稍後會討論到這點。但是早期的巴利文聖典對於這個年輕人的決定並沒有明確的解釋，當喬達摩看到人的生活時，他只能看到諸苦的無情輪迴，從誕生的創傷開始，無法避免地要經歷過「老、病、死、愁、雜穢」。[7]他也不能自免於這個普遍的法則。現在他年輕、健康、俊秀，但是當他反省到橫阻前方的苦，所有年輕的喜悅和自信都會乾涸。他的奢華生活似乎既沒有意義也微不足道。當他看到羸弱老人或是因為令人作嘔的疾病而醜陋不堪的病人時，他無法承受那種「厭惡」的感覺。同樣的命運，甚至更悲慘的，會臨到他自己或他所愛的每個人身上。[8]他的父母、妻子、幼子、朋友，他們的生活都同樣的短暫而脆弱。當他思慕且想念他們時，那籠罩著他的情感只會使他更痛苦。他的妻子會朱顏辭鏡，失去美麗容顏，小羅睺羅明天可能就會死去。追求朝生暮死的事物的快樂，不只是不理性的：為了他所愛的人或是自己而積聚的煩惱，如烏雲般遮翳住當下，奪走他在這些關係當中的喜悅。

但是為什麼喬達摩眼裡的世界如此灰暗呢？生命的倏忽生滅是很難承受的事實。人類是唯一必須知道他們終將一死的動物，而我們也很難去承受死亡情景的想像。但是我們大部分的人在快感和情愛裡尋找慰藉，那也是人類經驗的一部分。有些人則是把頭埋進沙子裡，不肯想到世界的悲傷，但是這是很笨的方法，因為如果我們全然沒有準備，生命的悲劇可能會摧毀一切。自古以來，人們創造宗教，以幫助他們相信我們的存在有其終極意義和價值，儘管令人沮喪的證據總是否認這點。但是有時候神話和信仰的習俗似乎很難以置信。於是人們訴諸其他的方法，以超越日常生活的煩惱和挫折：藝術、音樂、性愛、藥物、運動或哲學。我們是非常容易陷入絕望的存有者，我們必須很辛苦地在心裡創造一個信念，相信生命是善的，即使舉目四望，盡是痛苦、殘暴、疾病和

7. *Majjhima Nikāya*, 26.

8. *Anguttara Nikāya*, 3:38.

不義。我們可能會想，當喬達摩決定出家時，他應該失去承受這個生命的痛苦事實的能力，而為深層的沮喪所苦惱。

然而事實卻並非如此。喬達摩的確對於印度一般的家庭生活不再心存幻想，但是他並沒有失去對於生命本身的希望。情況完全相反。他相信存在的難題一定有個解答，他也相信他找得到。喬達摩同意有所謂的「永恆哲學」，因為這在現代以前的世界裡是所有文化的人們共同相信的。[9] 以前的生命顯然是很短暫的，總是被死亡的陰影遮蔽，但是這並不構成實在界的全部。他們認為，俗世的一切都是神聖世界裡更偉大而完美之事物的摹本。我們在這裡所經驗的一切都是天界原型的複製品；諸神的世界是原初的典範，而人類的世界只是微弱的影子。這個觀念充斥於古代文化的神話、儀式和社會組織，也持續影響著現在比較傳統的社會。在現在世界的我們已經很難去評判這個觀點，因為它無法從經驗去證明，也缺少理性的基礎，而我們卻認為這是真理所必需的。但是這個神話隱約表現了一個觀念：生命是不完滿的，而且這個生命也不是唯一的；在其他地方必定有更美好、更滿全、更飽足的東西。在熱切盼望的機會過後，我們經常覺得錯過了什麼無法把握的東西。喬達摩也這麼認為，但是有個重要的差異。他不相信這個「另一種東西」只在諸神的神聖世界裡；他認為他可以在這充滿煩惱、悲傷和痛苦的生死流轉的世界裡開顯諸法實相。

因此他說服自己，如果我們的生命裡有「生、老、病、死、愁、雜穢」，那麼這些煩惱應該有其正面的相對物；因此，應該有另一種存在的模式，等待他去發現。他說：「如是我求無生、無死、無老、無病、無死、無愁、無雜穢，無上安穩涅槃。」[*7]他稱這個完全圓滿的境界為「涅槃」（熄滅之意）。[10]喬達摩相信可以「熄滅」那造成種種痛苦的愛欲、貪著和愚痴，就像我們吹熄火燄一樣。入涅槃就像是發燒後的「解熱」：在喬達摩的時代，和涅槃相關的形容詞「nibbuta」[*8]在日常生活中是用來描述復原的患者。所以喬達摩出家是要尋找治療那使人們痛苦不堪的疾病的方法。這個無所不在的苦使生命變得如

---

9. Mircea Eliade, *The Myth of the Eternal Return or Cosmos and History*,（trans. Willard J. Trask）, Princeton, NJ, 1954.

10. *Majihima Nikāya*, 26.

此挫敗而悲慘，但那不是我們註定要永遠承受的。如果我們對於生命的經驗有挫敗，那麼根據原型的法則，應該有另一種存在形式，而不是相待的、有缺陷或短暫的。「諸比丘，有不生，無做作，非形成，」佛陀於晚年說：「諸比丘，如果不是不生，想要避免不生將不可能。」[11]

現代人或許會嘲笑這個樂觀主義的幼稚，而認為永恆原型的神話完全不可信。但是喬達摩會說，他的確發現解脫之道，因此，涅槃也確實存在。但是不像其他的宗教人士那樣，他不認為這個萬靈丹是超自然的東西。他並不依賴另一個世界的神性奧援，而認為涅槃是人類很自然的狀態，任何真正的追求者都可以體驗到它。喬達摩相信他在這個不完美的世界裡就可以發現他所追尋的自由。他並不等待諸神的訊息，而在自己心裡找尋答案，探索心靈的極致，開發身體所有的潛能。他也要弟子這麼做，並且不可以把他的教法視為清談。他們必須以自己的經驗實際去驗證他的解答，自己去體會他的教法是否真的有用。他們不能求助於諸神。喬達摩相信諸神存在，但是他對他們沒有什麼興趣。他還是他的時代和文化裡的人。當時印度的人民崇拜過去的諸神：因陀羅（Indra），戰神；婆樓拿（Varuna），神界秩序的守護神；阿耆尼（Agni），火神。但是在西元前六世紀左右，這些神祇開始從有識之士的宗教意識裡退位。他們並不完全被認為沒有價值，但是把他們當作崇拜的對象顯然不夠。人們漸漸明白，諸神無法給與他們真正且實質的幫助。對他們的獻祭並不能熄滅人類的不幸。漸漸地，人們決定要靠自己。他們相信宇宙是由非人格的法則所支配，即使是天神也必須遵守。天神不會告訴喬達摩涅槃之道；他必須依靠自己的努力。

因此，涅槃不是像基督教的天堂那樣，信徒在死後可以去的地方。那時候的人很少嚮往幸福的不死世界。的確，在喬達摩的時代，印度人民都覺得永遠被囚禁在存在的痛苦模式裡，就像我們在西元前六世紀廣為接受的輪迴的學說裡看到的。人們相信，人死後會在另一個新的狀態裡再生，而由他今生的「業」（行為）的性質所決定。惡業會使你再生為奴隸、動物或植物；善業會

11. *Udāna*, 8:3.

使你下輩子更有福報：你會再生為國王或天人。但是生在天上並不是個幸福的結局，因為天界和其他地方一樣都是無常的。最後，即使是天人也會有善業盡了的時候，就會呈衰敗之相；他會死亡然後再生人間。因此，所有存有者都被困在無止盡的輪迴（saṃsāra）裡，被迫不斷地流轉生死。對於陌生人來說，這聽起來是個很荒誕古怪的理論，但是這卻是在認真找尋苦的問題的解答，而且比起把人類命運交給喜怒無常的神的決定（祂還經常賜給行惡的人富貴榮華），這似乎是更令人滿意的答案。「業」的法則是完全非人格的機制，完全公正，不會偏袒任何人。但是就像北印度的其他人一樣，對於輪迴的體會使喬達摩充滿恐懼。

這或許很難理解。現在許多人覺得生命苦短，很希望有機會重新來過。但是喬達摩和當時的人心裡想的不是再生的可能，而是又必須再死一次的恐懼。經過一次年老體衰、疾病纏身以及可怖而痛苦的死亡，已經夠受了，但是被迫如此不停歇地生死流轉，似乎是無法忍受且沒有意義的。那時候的宗教解答，是要幫助人們不墮輪迴，得到究竟的解脫。涅槃的自由是不可思議的，因為它遠離我們的日常經驗。我們沒有任何語言可以形容甚至去想像那沒有挫折、煩惱和痛苦的生命形態，而且不受制於我們無法掌握的因素。但是喬達摩那個時代的印度聖哲卻相信這個解脫是可能的。西方人經常把印度思想形容成厭世且虛無主義的。然而事實上完全不是這樣。他們非常樂觀，而喬達摩也有相同的盼望。

當喬達摩離開父親的家時，披著遊行僧侶的袈裟，沿路托缽，他相信自己正要開始很令人興奮的旅程。他感覺到「林棲」道路的魅力，以及「出家」的光明且完美的狀態。那個時候，每個人都認為「梵行」是高貴的求道過程。國王、商賈和家庭主婦，都很尊敬比丘（bhikkhu），爭相供養他們。這不是一時的狂熱。印度人和其他民族一樣現實，但是他們有崇拜修行者的悠久傳統，並且持續支持他們。而且，在西元前六世紀的恆河流域，還有很特殊的需要。他們不認為出家眾是怯懦地逃避現實。這個地方有嚴重的宗教危機。喬達摩所看到的理想幻滅和頹廢是很普遍的現象，而人們渴望找到新的宗教解答。於是沙門們為他們的弟子們找尋答案，為此他們經常不惜犧牲生命。喬達摩經常被描述成英雄的形象，暗示著堅強、力量和主宰。他常被比喻為獅子、老虎和狂暴的大象。年輕的時候，人們說他是「英俊的貴族，能統率軍隊和象群」。[12]人們認為苦行者是拓荒者：他們探索精神的領域，以幫助受苦的眾生。因為社會普遍的動盪不安，使得許多人期盼佛陀這位「覺者」，能「喚醒」人性所有的潛能，幫助人們在剎那生滅的世界裡找尋平安。

為什麼印度的人覺得生命如此不安呢？這樣的憂鬱並不僅限於印度次大陸，許多遙遠的文明世界也都感染到這個沒落。越來越多人覺得他們祖先的修行方法不再適合他們，有許多先知和哲學家努力找尋答案。有些史學家稱這段時期為「軸心時期」（Axial Age）（西元前八百年至二百年間），因為那是個人文薈萃的時代。當時熔鑄的思潮至今仍然陶冶著人們。[13]而喬達摩則成為軸心時期最重要也最典型的領導人物，當時還有西元前八到六世紀的偉大希伯來先知；西元前六到五世紀改革中國宗教傳統的孔子和老子；西元前六世紀的伊朗聖哲瑣羅亞斯德（Zoroaster）；以及蘇格拉底和柏拉圖（Plato, 427-327 B.C.），他們要希臘人連那看似自明的真理都要質疑它。見證這些偉大變革的人們相信自己處在時代的重要關頭，一切都會有所改變。

軸心時期象徵著我們現在所見的人文精神的開端。在這個時代裡，人們開始史無前例地意識到自己的存在、他們的天性以及限制。[14]他們體會到殘酷世界的無力感，迫使他們在自己存有的深處追尋最高的目標和絕對的實相。時代的偉大聖哲教導人們如何對抗生命的不幸，超越他們的弱點，心無罣礙地生活在這個缺憾的世界裡。這個時期誕生的新興宗教體系，中國的道教和儒家、印度的佛教和印度教、伊朗和中東的一神教，以及歐洲的希臘理性主義，儘管有表面上的差異，卻都有相同的根本特質。唯有分受這個波瀾壯闊的蛻變，世界的各個民族才能隨著歷史的腳步前進。[15]然而儘管軸心時期如此重要，卻一直是神秘難解。我們不知道何以至此，也不知道為什麼它們只植根於三個地區：

---

12. *Sutta-Nipāta*, 3:1.
13. Karl Jaspers, *The Origin and Goal of History*, trans. Michael Bullock, London, 1953.
14. Ibid., 2-12.
15. Ibid., 7, 13.

中國、印度和伊朗、以及地中海東岸。為什麼只有中國人、伊朗人、印度人、猶太人和希臘人經驗到這些新的視域，投入啟蒙和救贖的追尋當中？巴比倫人和埃及人也創造了偉大的文明，但是他們並沒有在這個時候發展出軸心時期的意識型態，而只是在後來分受了這個思潮：他們接受了伊斯蘭或基督宗教，那是這原初的軸心時期動能的重新詮釋。但是在軸心時期的國家，有少數人感覺到這個可能性，而打破舊有的傳統。他們在自己存有最深的地方尋求改變，致力於靈性生命的更加偉大的反省，而試著與那超越俗世限制和範疇的實相合而為一。在這個決定性的時期過後，人們覺得人類只有超越自己的限制才能真正成為自己。

信史從大約西元前三千年開始；直到那時候，我們才有文獻證明人類的生活和社會組織。但是人們總是試著想像兩萬年前的史前時代是什麼樣子，並且把他們自己的經驗移植上去。在整個世界裡，在每個文化裡，總是以神話描繪古代的生活，沒有歷史的根據，而總是提到失去的樂園和太初的災難。[16]在黃金年代（Golden Age）裡，據說諸神和人一起漫步於大地。《創世記》裡描述的伊甸園的故事，西方的失樂園，都是典型的例子：在過去，人神之間並沒有隔閡：神在冷冽的清晨裡在花園漫步，人類也不分彼此。亞當和夏娃和諧地生活，既不知道性別的差異，也不知道人神之分。[17]在我們現在支離破碎的存在裡，是無法想像那種合而為一的狀態，但是幾乎在每個文化裡，這個太初和諧的神話卻證明人類不斷地渴望平安和整全，他們覺得那是人性的本有狀態。他們經驗到自我意識的崛起是遠離恩典的痛苦墮落。希伯來稱這個整全完滿的狀態為「shalōm」（是一般的問候語，意為「平安」）。喬達摩談論涅槃，並且離家去追尋它。他相信，人類過去是生活在這樣平安而圓滿的狀態，但是他們忘記了通往那裡的路。

我們看到，喬達摩覺得自己的生活變得沒有意義。覺得世界是痛苦的，這是軸心時期各國基本的宗教觀念。在這巨變當中的人們覺得危懼不安，就像喬達摩一樣。他們心裡充滿了無助感，為他們的剎那生滅感到煩惱，並且對於世

16. Ibid., 28-46.
17. *Genesis*, 2-3.

界的疏離覺得非常恐懼。[18]他們以不同的方式表現這個憂鬱。希臘人認為生命是個悲劇的史詩，在其中他們找尋滌淨（katharsis）和釋放。柏拉圖說人和神的世界分離，而渴望掙脫我們現在不淨的狀態，與善合而為一。西元前八到六世紀的希伯來先知也感覺到和神的類似疏離，認為他們政治上的被擄是屬靈的枷鎖。伊朗的瑣羅亞斯德認為生命是善神和惡神的宇宙戰爭；而在中國，孔子感慨他那個時代的黑暗，遠離了先賢的理想。在印度，喬達摩和林棲的僧侶們相信生命是「苦」（dukkha）：基本上是「煩惱」的，充滿痛苦、悲傷和不幸。世界變成可怕的地方。佛教經典談到人們出城到森林裡時感受到的「驚怖、畏懼和害怕」。[19]自然變得危機四伏，就像亞當和夏娃墮落後的自然一樣的險阻重重。喬達摩並不是離開家到森林裡和自然和平共處，而是去體會「畏怖驚駭」。[20]他後來回憶說，當鹿接近他或風在樹葉間颯颯作響時，都會使他毫髮直豎。*9

這到底怎麼回事？沒有人能夠充分解釋充滿在軸心時期的宗教裡的悲傷。當然以前人們也經驗過這痛苦。在這之前幾世紀的埃及和美索不達米亞發現的石版，也表現過類似的覺醒。但是為什麼苦的經驗會在這三個軸心時期的主要國家裡達到巔峰呢？有些史學家發現這三個地區的共同特徵，是他們都遭到印歐遊牧民族的洗劫。這些雅利安部落來自中亞，在西元前兩千年左右到達地中海，西元前一千二百年左右到印度和伊朗定居，西元前一千年左右進入中國。他們也為這些地方帶來廣闊的視野和無限的可能，而且作為統治的民族，他們也發展出悲劇性的史詩思想。他們取代古老穩定而比較原始的族群，卻總是要經過激烈的衝突和危難，這或許能解釋軸心時期的憂患意識。[21] 但是猶太人和他們的先知並沒有接觸到雅利安的遊牧民族，而且他們的侵略是發生在幾千年前，而主要的軸心時期蛻變卻是相當晚的事。

18. Joseph Campbell, *Oriental Mythology, The Masks of God*, New York, 1962, 211-18.
19. *Vinaya: Cullavagga*, 6:4, 7:1.
20. *Majjhima Nikāya*, 4.
21. Alfred Webber, *Kulturgeschichte als Kultursoziologie*, Leiden, 1935; *Das Tragische und die Geschichte*, Hamburg, 1943 passim.

再者，舉例來說，印度的雅利安人發展的文化類型，也和軸心時期的創造力無關。西元前一千年左右，雅利安的部落定居下來，在這次大陸的大部分地區建立農業群落。他們主宰了印度的社會，以致於我們現在對於印度原住民，也就是在雅利安入侵之前的印度河谷文明，幾乎一無所知。儘管印度雅利安人的起源非常動盪不安，但是他們就像前雅利安文化一樣的穩定而保守。他們把人民分為四個種姓，類似後來歐洲發展出來的四個階級：「婆羅門」（brahmin）是祭司種姓，負責祭典之進行，他們是最有權勢的人；「剎帝利」（ksatriya）是武士種姓，擔任官職，保衛人民；「毘舍」（vaiśya）是農夫和牧人，也負責通有運無；「首陀羅」（sudra）是奴隸或賤民，是那些無法同化到雅利安體系裡的人。原來這四個種姓不是世襲的；印度原住民也可以成為剎帝利或婆羅門，如果他們有精湛的技藝的話。但是到了喬達摩的時代，社會的階層化已經被賦予神聖的意含，並且成為不可變的制度，因為人們認為它反映了宇宙的原型秩序。[22]人不可能從一個種姓轉到另一個種姓，而改變了這個秩序。

雅利安的宗教文化是軸心時期之前的典型古代宗教，他們安於現狀，對於生命的意義沒有什麼思辨性的思想，認為神聖的真理是既有且不變的東西；他們不必去追尋，只需要被動的接受。雅利安人種植蘇摩（soma），可以使婆羅門進入恍惚出神之境。在其中，他們「聽聞」（sruti，天啟之意）神所傳授的梵文經典，也就是吠陀。[23]他們不認為這些是神所主宰的，而是永恆存在並且反映宇宙的根本法則。同樣宰制著諸神和人類的普遍法則，也是古代宗教的共同特徵。吠陀經典並沒有被寫下來，因為印度次大陸沒有書寫傳統。因此，婆羅門的責任就是記誦和保存這永恆的真理，把這個世襲的學問從父親傳給兒子，因為這個神聖的知識使人類得以認識「梵」（brahman），也就是使世界神聖且存續的基本原理。數百年來，原始雅利安部落的語言——梵文，被地方

22. Richard F. Gombrich, *Theravāda Buddhism: A Social History from Ancient Benares to Modern Columbo*, London and New York, 1988, 33-59.
23. Ibid., 33-34; Hermann Oldenberg, *The Buddha: His Life, His Doctrine, His Order* (trans. William Hoey), London, 1882, 19-21, 44-48; Trevor Ling, *The Buddha: Buddhist Civilization in India and Ceylon*, London, 1973, 66-67.

方言取代了，除了婆羅門以外，幾乎沒有人懂得，這更助長了婆羅門的權力和特權。只有他們才知道如何依據吠陀的規定去獻祭，而吠陀被認為是維繫世界存在的原理。

據說在太初之時，神秘的造物者為了主持原初的獻祭，而創造了諸神、人類和整個宇宙。這個原初的獻祭便是婆羅門的牲祭的原型，這個祭祀會賦予他們主宰生命和死亡的力量。即使是諸神也都得依賴這些祭祀，而如果祭祀不如法，他們也會受到懲罰。因此所有的生命都環繞著這些祭典。婆羅門顯然是祭典的關鍵，但是剎帝利和毘舍也扮演重要的角色。國王和貴族贊助祭典，而毘舍則飼養獻祭的牛犢。在吠陀宗教裡，火非常重要；它象徵人類對自然的控制，婆羅門在祭壇謹慎地事奉三聖火。[*10]每個家主以家祭崇拜他們的灶神。在每個月的「布薩」（uposatha），會舉行特別的火祭。[*11]在布薩的前一夜，婆羅門和家主會齋戒，禁止行淫和工作，在爐火旁守夜。布薩是神聖的時刻，諸神會「臨到」家主和爐火旁邊的家人。[24]

吠陀信仰是典型的前軸心時期的宗教。它沒有發展或變化；一切遵循原型的秩序，而對於不同的事物沒有什麼興趣。它依賴外在的祭典，有巫術的效果，試圖去控制宇宙；它以只有少數人才知道的神秘知識為基礎。[25]這個非常保守的宗教文化，托庇於永恆不變的實在界裡。它和軸心時期的新思潮完全不相容。我們以蘇格拉底為例，他始終不認為傳統的確定性為究竟的真理，無論它多麼冠冕堂皇；他相信我們不能只是接受外在的知識，像是吠陀「天啟」，每個人必須在自己的存有裡去發現真理。蘇格拉底質疑一切事物，把他自己的困惑傳染給和他對話的人們，因為困惑是哲學探索的開端。希伯來先知顛覆了古代以色列某些神話的確定性：上帝不再是理所當然地和子民同在，正如祂在以色列人出埃及的時候那樣。他會利用異教國家來懲罰猶太人，而每個猶太人的行為必須是正義、公平且忠實的。救恩和存活不再是依賴於外在的祭典；會有新的律法和聖約，寫在每個人心裡。上帝要人們仁慈和憐憫，而不是要人們

---

24. Sukumar Dutt, *Buddhist Monks and Monasteries of India*, London 1962, 73.
25. Jaspers, *Origin and Goal*, 48-49.

獻祭。軸心時期的信仰把責任放在個人的身上。軸心時期的聖哲們眼裡所看到的，都是放逐、悲劇和苦。但是他們追尋的真理可以使他們找到平安，儘管他們遭遇到暴行、不義和政治的挫敗：我們看到蘇格拉底在面對高壓統治的國家審判時胸懷磊落的平靜。個人還是會受苦和死亡；他們並不想以古老的巫術去扭轉命運，但是他們可以在生命的悲劇當中享受那在缺憾的世界裡為存在賦與意義的平靜。

新的宗教解答尋找的是內在的縱深，而不是巫術的操弄。聖哲們不再滿足於外在的服從，而認識到在行動之前的深層心理世界。重要的是要揭露那潛意識的力量和幽微的真理。對蘇格拉底而言，人生來便知道這個知識，但只是模糊的記憶；他們必須透過他用以質疑一切的辯證法去喚醒這個知識並且了了分明。孔子研究他的民族的古代禮儀，他那時候的人們早已習以為常而不曾反省過。現在，他們珍藏的價值必須透過自覺的存養，以恢復原來的熠熠光華。孔子要以明確的語言闡明那些知其然而不知所以然的道理。人類必須探究自己，分析他們失敗的原因，然後在那不因為死亡而變得沒有意義的世界裡發現美和秩序。軸心時期的聖哲鑽研古老的神話，並且重新詮釋它，為遠古的真理賦予本質性的倫理向度。道德成為宗教最重要的東西。人類要認識自己及其責任，完全實現其潛能，擺脫那無所不在的黑暗，那就必須透過倫理而不是巫術。聖哲們鑑往知來，相信因為人們遺忘了存在的根基，而使世界變得痛苦不堪。他們都認為有個超越這個混亂世界的絕對實在，上帝、涅槃、道、梵，並且試著要使它融入日常生活的行住坐臥裡。

最後，軸心時期的聖哲不像婆羅門那樣固執於神秘的真理，而是要把它傳播給世人。[26]以色列的先知以熱情奔放的講道和優雅的姿態對著人民傳道。蘇格拉底對每個偶遇的人提出問題；孔子為了淑世的理想而周遊列國，無論平民或貴族，有教無類。他們都堅持驗證他們的理論。聖典不再是祭司階級的私藏，而是要把信仰傳給民眾的工具。研習和辯論成為重要的宗教活動。他們不再盲目接受現狀，不會輕易地順服既有的觀念。真理必須是那些追尋者的生命

26. Ibid., 55.

裡可以認識到的實在界。而我們將會看到喬達摩多麼貼切地反映了軸心時期的價值，而他又如何以自己特別的天賦去承擔人類的困境。

當他離開迦毘羅衛的家時，印度軸心時期的蛻變正方興未艾。歷史學家和學者說，這些改革的意識型態都是在市集裡創造出來的，市集在西元前六世紀獲得新的樞紐地位。[27]權力從國王和聖殿古老的合作關係轉移到商人身上，他們發展了不同的經濟模式。這些社會變化當然有助於宗教思想的改革，即使他們自己說不上來為什麼。市場經濟也逐漸侵蝕現有的狀態，商人再也不可能對於祭司和貴族俯首貼耳。他們必須自立自強，在商場上毫不留情。新的城市階級誕生了，而他們非常強大、積極、有野心，決心要把命運操縱在自己手裡。他們顯然和新興的宗教思潮互相應和。北印度的恆河平原，就像其他軸心時期的地區，在喬達摩的時代正承受這個經濟的轉變。到了西元前六世紀，很久以前的雅利安入侵者建立的鄉村社會因為新的鐵器時代技術而澈底改變了，這些技術幫助農夫開墾茂密的林地，得到更廣闊的耕地。開墾者湧入這個地方，人口迅速成長，而且有高度的生產力。旅人描繪過豐富的水果、稻米、穀物、芝麻、小米、小麥、豆類和大麥，人們在自足之餘，還可以交易。[28]恆河平原成為印度文明的中心；在喬達摩的時代，我們很少聽到次大陸其他地區的資訊。當時有六個城市，成為商業和工業的中心：舍衛城、婆翅多（Saketā）、憍賞彌（Kosambī）、波羅奈（Vārānasī）、王舍城（Rājagaha）、占婆（Champā），有新的貿易道路彼此連接。這些城市都是聲色犬馬的地方：街上都是耀眼鮮艷的馬車、馱著貨物來往遙遠的地方的巨象，還有賭場、劇場、舞蹈、妓女、喧鬧的旅館生活，甚至騷擾到鄰近村落的人們。來自印度各地和各種階級的商人聚集在市場，在街上、城市殿堂、以及郊外的華麗庭院裡，都可以聽到新的哲學觀念的生動討論。城市被剛崛起的人們掌控，零售商、生意人

27. Marshall G. S. Hodgson, *The Venture of Islam, Conscience and History in a World Civilization*, 3 vols., Chicago and London, 1974, 108-35.
28. Ling, *The Buddha*, 38-55; Michael Carrithers, *The Buddha*, Oxford and New York, 1983, 13-18; Gombrich, *Theravāda Buddhism*, 50-59.

和銀行家，他們再也無法接受古老的種姓制度，開始挑戰婆羅門和剎帝利。[29]這一切非常混亂，卻很振奮人心。城市的居民感覺到變化的迫近。

這個地區的政治生活也在改變。恆河流域原來是由許多小王國以及少數名為共和國而實則為寡頭的統治者所宰制，這是以古老的氏族和部落為基礎。喬達摩生於釋迦族（Sakka），是這些共和國當中地處最北的國家，他的父親淨飯王是「僧伽」（Sangha）的一員，「僧伽」是貴族的常設議會，統治釋迦族人及其家庭。釋迦族的人非常驕傲且獨立。他們的領土遠離雅利安人的文化，也不曾受其影響，他們沒有種姓制度。但是時代在改變，釋迦族的首都迦毘羅衛成為貿易道路上的重要集散地。逐漸成為主流的外在世界開始侵入釋迦族。[30]就像東部的其他王國，末羅（Malla）、拘利（Koliya）、毘提訶（Videha）、奈耶（Naya）、跋耆（Vajji），釋迦族也感受到拘薩羅和摩揭陀這些新興國家的威脅，他們四處劫掠，殘忍地控制恆河平原弱小而守舊的國家。

拘薩羅和摩揭陀比那些為了持續的內亂而疲於奔命的古老共和國要有效率得多。這些新興的王國有最先進的官僚體系和軍隊，他們直接效忠於國王，而不是整個部落。這意味著每個國王手中都有個人的戰鬥武器，使他擁有鞏固疆域且侵略鄰國的權力。這些新興的專制君主也能夠有效推動新的貿易道路，據以討好王國的經濟所倚重的商人們。[31]這個地區得到新的穩定形勢，但是也有其代價。新的社會因暴力和冷酷而動盪不安，國王對人民恣意專橫，他們的經濟充滿貪婪，銀行家和商人執纏於侵略性的競爭，而彼此掠奪。傳統的價值似乎支離破碎，熟悉的生活方式也銷聲匿跡，而取代它的秩序既可怖又陌生。難怪這麼多人覺得生命是「dukkha」，我們通常翻成「苦」，但是其意義更好說是「求不得」、「有漏」、「煩惱」。

在這變動的世界裡，古代的雅利安婆羅門宗教似乎逐漸沒落。古老的儀式適合安土重遷的農業社群，而在這更快速變動的城市世界裡，它顯得太笨重而

---

29. Ling, *The Buddha*, 44-49.
30. Gombrich, *Theravāda Buddhism*, 349-50; Carrithers, *The Buddha*, 12-14.
31. Ling, *The Buddha*, 53-3; Michael Edwardes, *In the Blowing Out of a Flame: The World of the Buddha and the World of Man*, London, 1976, 27-29.

古老。商人經常旅行，而無法維持聖火不滅，也無法遵守布薩日。而且這些人越來越無法契合種姓制度，許多人覺得陷落到心靈的虛無裡。牲祭主要是在以畜牧為主的經濟裡，但是新的王國倚賴的是農作物。牛犢越來越珍貴，牲祭似乎太浪費而且殘忍，太容易讓人想起他們現在生活裡的暴力。當城市由必須獨立謀生的人們所主宰時，人們開始厭惡婆羅門的宰制，希望能夠控制他們自己的命運。再者，牲祭也不見功效。婆羅門宣稱這儀式的「行為」（kamma）可以使人們享有世俗的名聞利養，但是這個恩賜往往無法實現。在新經濟的氣氛裡，城市的人們想要專注於更有投資利益的儀式行為。

新興的君主專制和由市場體系主宰的城市，使恆河流域的人們高度意識到變化的速度。社會如何瞬息萬變，城市居民都看在眼裡；他們可以測度其進程，體會到和農村社會周而復始的節奏迥然不同的生活形態，農村的生活是依歲時而作息，每個人每年都做同樣的事。在城鎮裡，人們開始知道他們的「行為」有長遠的影響，或許他們自己不會經驗到，但是他們會在幾個世代以後看到。相當晚近才出現的輪迴學說，比古老的吠陀信仰更適合這個世界。「業」

的理論說明了，除了我們自己以外，我們不應該對任何人抱怨我們的命運，我們的行為在遙遠的未來仍然會有回報。沒錯，「業」無法使人擺脫輪迴累人的循環，但是善業可以使我們下輩子更美好，因而得到有價值的輪迴。在幾個世代之前，輪迴的學說一直飽受爭議，而且只有上層社會的人才知道它。但是到了喬達摩的時代，人們以全新的觀點去理解因果關係，每個人都相信它，甚至連婆羅門也不例外。[32]

但是就像其他軸心時期的國家一樣，北印度的人民也開始實驗其他的宗教觀念和修行方法，它們似乎更能直接觸動人們變動不居的處境。在喬達摩誕生之前不久，在恆河平原的西部地區，有一群聖哲計畫秘密推翻古老的吠陀信仰。他們開始創作一系列的經典，在師徒間秘密傳承。這些新的經典稱為《奧義書》（*Upaniṣad*），書名本身就強調這個革命性的思潮的秘教性格，因為它

32. Richard F. Gombrich, *How Buddhism Began: The Conditioned Genesis of the Early Teachings*, London and Atlantic Highlands, NJ, 1996, 31-33; *Theravāda Buddhism*, 46-48; Carrithers, *The Buddha*, 24-25; Ling, *The Buddha*, 47-52.

源自梵文的「apa-ni-sad」（近坐）[*12]；《奧義書》表面上是依據古代吠陀，但是經過了重新詮釋，賦予更精神性和內在化的意義；這便是印度教傳統之濫觴，那是軸心時期形成的另一個偉大的宗教。聖哲們靈性旅程的目標是「梵」的絕對實在，宇宙非人格的本質，以及萬物的本源。但是「梵」不只是遙遠而超越的實在，也是充滿在每個存在和有氣息的生命裡的內在臨現。事實上，藉助於奧義書的教義，信徒會發現「梵」就在他自己的存有的核心裡。救恩不是如婆羅門說的存在於牲祭中，而是在對於「梵」的精神性理解，這個「梵」是絕對且永恆的實在，甚至高於諸神，和個人最深層的自我（ātman）是同一的。[33]

我們會看到，「永恆而絕對的自我」的觀念，對喬達摩的影響很大。這是個不凡的洞見。相信自己最深層的自我與那最高實在的「梵」為一，是對於人性的神聖潛能的驚人信仰行為。這個學說最經典的表現，可見之於《旃多格耶奧義書》（*Chandogya Upaniṣad*）。烏達拿克（Uddalaka）告訴他的兒子休外他凱都（Svetaketu）古老宗教的侷限性，休外他凱都自詡對於吠陀的知識很豐富。他要休外他凱都把一塊鹽巴放到一杯水裡。第二天早上，鹽巴當然消失了，但是休外他凱都喝那杯水，發現鹽巴充滿在水裡，即使他看不見它。烏達拿克解釋說，這就像梵一樣；你看不見它，但是它就在那裡。[*13]「整個宇宙以這個第一本質（梵）為其自我。自我的本質就是如此，你的本質就是如此，休外他凱都！」[34]這確實是非常叛逆的觀念；當你瞭解到絕對者遍在一切，包括存在於你自己，那麼就不需要祭司這種上層階級了。人們會在他們自己的存有裡追尋究竟實在，而不需要殘忍而沒有意義的獻祭。

但是《奧義書》的聖哲並不是唯一拒絕古老的婆羅門信仰的人。在恆河地區東部，大部分林棲的沙門和苦行者都不知道《奧義書》的宗教思想，它還是集中在西部平原的地下秘教信仰。然而還是有些觀念在民間傳開來。在恆河東部很少談到「梵」，在佛經裡則是隻字未提，但是這個最高原理在民間流

33. Ling, *The Buddha*, 65-66; Oldenberg, *The Buddha*, 41-44.
34. *Chandogya Upaniṣad*, 6:13.

傳而成為新的神祇「梵天」的崇拜，據說祂住在最高天。喬達摩似乎沒有聽過「梵」，但是他知道有梵天；而我們將會發現，祂在喬達摩的個人故事裡也扮演重要的角色。[35]當喬達摩離開迦毘羅衛時，他遊行到這個東部地區，終其一生都在拘薩羅和摩揭陀這些新的王國，以及鄰近的古老共和國。在這裡，人們比較是從修行上去顛覆古老的雅利安宗教傳統。對於究竟實在的形上學思辨並不是他們的興趣，他們更關心的是個人的解脫。林棲者或許不熟悉超越的「梵」，但是他們渴望認識「我」，內心的絕對自我，而且發展出各種方法去接近這個永恆的內在原理。自我的學說之所以引人入勝，是因為它主張只要在自己的心裡，而不需要祭司的中保，就可以得到生命之苦的解脫。它也很適合新的社會的個人主義以及自力解脫的信仰。當沙門發現他的真實自我，他就會在深邃的層次上理解到，苦和死亡不是決定人類境遇的唯一東西。但是沙門如何發現自我，並且從無盡的輪迴裡解脫呢？即使人們說自我就在每個人心裡，沙門也發現它其實非常難以尋得。

恆河地區東部的宗教思想更趨近民眾。在西部地區，《奧義書》的聖哲把他們的學說秘不示人；在東部，這些問題在民眾之間熱情地辯論著。[36]我們前面提到，他們不認為托缽僧是沒有用的寄生蟲，反而視之為英勇的拓荒者。他們也被尊為反叛者。就像創作《奧義書》的聖哲一樣，沙門也挑釁地拒絕古老的吠陀信仰。在求道者開始他的旅程時，會經過「大出家」（Pabbajā）的儀式：他成為真正走出雅利安社會的人。這個儀式要求出家眾必須放棄其種姓的外在表徵，把獻祭的用具拋到火裡去。他會被稱為遁世者（Sannyāsin），他的雜染衣也成為背棄社會的標誌。最後，新的沙門會在儀式上象徵性地吞下聖火，或許是作為選擇更內在化的宗教的宣示。[37]他放棄家主的生活，藉此決意捨離他在舊有世界的地位。家主是社會體系的中堅分子：結了婚的男子要維持家庭的生計，繁衍下一代，也關心社會的政治生活。然而沙門卻拋棄這些責任，追求澈底的自由。他們離開家庭這個結構完整的空間，到蠻荒的森林裡

35. Oldenberg, *The Buddha*, 59-60.
36. Ibid., 64; Campbell, *Oriental Mythology: The Masks of God*, 197-98.
37. Dutt, *Buddhist Monks*, 38-40.

去；他們不再臣服於種姓的限制，他們的行為不再受制於出生的偶然。他們像商人一樣居無定所，任意遊行世界，除了自己以外，不對任何人負責。因此，就像商賈一樣，他們是時代的新人類，其生活方式表現了當時特有的個人主義的意識提昇。

所以，喬達摩的出家，並不是為了傳統或更古老的生活方式而放棄當時的世界（就像我們看到現在的僧人那樣），而是走在變化的前端。但是他很難期待家人的看法和他一樣。釋迦族遺世獨立而地處偏遠，甚至和恆河下游平原發展中的社會互相隔離，而且我們看到他們甚至沒有被任何吠陀的思潮同化。大部分釋迦族的民眾對於新的觀念都很陌生。他們顯然聽過林棲者出離的故事，也使喬達摩相當神往。我們知道，巴利文經典對於他的出家動機語焉不詳，但是關於喬達摩的出家，則有其他更詳細的故事，並且開顯出家更深層的意義。[38]我們只在後來衍生的傳記和經釋裡才看得到，例如《本生經因緣總序》，可能寫於西元五世紀。但是即使我們在晚期的佛教經典裡才發現這些故事，它還是有可能和巴利文經典的傳說一樣古老。有些學者相信這些晚出而比較完整的傳記是以和巴利文經典同時代的傳說為藍本，也就是大約在佛滅百年之後。巴利文傳說當然對這個故事很熟悉，但是他們認為那不是喬達摩，而是毘婆尸佛的故事，他是在喬達摩之前證道的佛。[39]因此這個故事是所有佛都適用的原型。這故事並不是要質疑巴利文經典關於喬達摩大出家的傳說，也不想證明它有符合現代意義的歷史根據。相反的，這些摻雜著諸神的介入和巫術的神話故事，只是對於「大出家」的另類解釋。這是諸佛（喬達摩和毘婆尸皆然）在求道之初必經之路；每個追求菩提的人都必須經歷這個蛻變的經驗，尤其是當他們要深入梵行的時候。這個故事幾乎是軸心時期所有宗教思想的典範。它說明人類如何透過軸心時期的聖哲的教法，完全意識到他們的困境。只有當人們完全意識到這個無法逃脫的煩惱世界，他們才能夠完全成為人。《因緣總序》裡的故事是象徵性的，而且有普世性的衝擊，因為愚夫都想要否認生

38. *Jātaka* I, 54-65 in Henry Clarke Warren, *Buddhism in Translation*, Cambridge, Mass., 1900, 48-67.
39. *Dīgha Nikāya* 2:21-29.

命的煩惱，假裝那和他們一點關係也沒有。這樣的否認不僅無濟於事（因為沒有人可以豁免於煩惱，而這些生命的事實總是會闖入），而且很危險，因為它把人們囚禁在幻相裡，而成為他們的障道因緣。

所以，《因緣總序》告訴我們，當小悉達多出生後五日，他的父親淨飯王邀請一百個婆羅門到宴會來，讓他們觀占那小孩的相好，以預言未來。八個婆羅門便說，這個小孩有前途無量，他或是成為佛，得無上等正覺；或是成為宇宙之王，民間傳說中的英雄，據說將統治全世界。他會擁有特別神聖的馬車；其四個輪子各自朝大地四個方位滾動，這個世界的征服者帶著隨從士兵遊遍諸天界，然後「轉法輪」，建立全宇宙的正義和正命。[*14] 這個神話顯然受到拘薩羅和摩揭陀君主專制裡的王族崇拜的影響。喬達摩一生都面臨著這個交錯的命運。轉輪聖王（cakkavatti）的形象成為他象徵性的另一個自我，和他所成就之一切互相對立。轉輪聖王或許權力很大，甚至可以造福世界，卻不是個覺者，因為他的事業完全依賴武力。八個婆羅門當中，有個叫作憍陳如（Kondañña）的，他相信悉達多絕不會成為轉輪聖王。相反的，他會放棄家主的愜意生活，成為破除世界之煩惱蓋障的佛。[40]

淨飯王對這個預言感到很不悅。他要他的兒子成為轉輪聖王，對他來說，那自然是比厭離世界的苦行者要好得多的選擇。憍陳如告訴他，將來悉達多會看到四種前兆：老人、病人、死人、出家人，他們會說服他離開家，也就是「大出離」。因此，淨飯王決定不讓他兒子看到這些令人不安的景象：宮殿四周派守衛嚴加看管，不讓那惱人的實在世界接近他，小孩形同囚犯一般，即使他過著奢華而表面上很幸福的生活。[*15] 喬達摩的三時殿顯然是象徵著否認的心。只要封閉我們的心靈，不想認識圍繞在我們四周的普遍的煩惱，我們就被禁錮在對自我的幼稚詮釋裡，而無法成長和開悟。年輕的悉達多生活在幻相裡，因為他所見的世界不符合事物真實的性相。淨飯王正是後來佛教傳統所批評的權威角色。他把自己的觀點投射在兒子身上，不讓他有自己的決定。這樣的壓制只會障礙菩提，因為它把個人囿限在不真實的自我裡，在童騃而無明的

---

40. *Jātaka* I:54.

狀態裡。

但是天人決定插手管這件事。他們知道，即使他父親拒絕接受這事實，不管喬達摩還是菩薩，都是終究要成佛的人。當然天人無法引領喬達摩證道，因為他們自己也身陷輪迴之中，和人類一樣渴望佛陀教導他們解脫之道。但是天人可以助菩薩一臂之力。當他二十九歲時，他們認為他在這個愚人的樂園待得夠久了，所以他們派其中一位天人到三時殿去，化身為齒危髮禿的老人，他使用神力，讓淨飯王的侍從都看不見他。喬達摩坐車到遊苑去，看到這個老人，他非常驚怖，問御者車匿（Channa）說，那個人怎麼了。車匿解釋說，他只是老了：每個人活得夠久了，就得經歷類似的衰老。喬達摩很沮喪地回到王宮。

淨飯王知道了這件事，又增派守衛，試著以更多的逸樂分散他的注意力，卻都徒勞無功。又有兩次，天人偽裝成病人和屍體出現在喬達摩面前。最後，喬達摩和車匿駕車遇到天人化身的沙門，穿著袈裟。天人的威力驅使車匿對喬達摩說，那是個出家人，接著又熱情地讚嘆苦行生活，使得喬達摩若有所思地回到王宮。那天晚上，他醒來發現晚上供他娛樂的歌妓舞妓都睡著了。臥榻四周，那些美麗的女人衣衫不整地橫臥著：「有的口流唾液沾污到肢體，有的嚙著牙齒，有的發出鼾聲，有的說囈語，有的張大口，有的把衣服袒著。」喬達摩對世界的看法發生了變化。現在他知道苦在等候著每個人，沒有例外。一切看起來都醜陋不堪，甚至很可憎。遮翳生命的苦的布幕被扯開，宇宙似乎是痛苦和荒謬的大牢籠。「這真是禍患啊，真慘啊！」他以偈語悲鳴著。[*16] 他從臥榻起身，在那個晚上，決定要「大出家」。[41]

人們總是喜歡把人類處境中無法逃避的煩惱關在門外，但是當它突破警戒森嚴的障礙時，我們就無法像以前那樣去看世界了。生命似乎不再有意義，軸心時期的拓荒者被迫要衝出既有的古老模式，試著去尋求面對煩惱的新方法。只有當他找到內在平安的避風港，生命才會重獲意義和價值。我們把自己藏在甲殼裡，好遠離悲傷，現在他要打破它。但是當他讓煩惱湧進來時，他的求道

41. Ibid., I:61.

旅程才真正開始。離家之前，他偷偷上樓看他的妻子和孩子最後一眼，但是無法和他們道別。然後他潛逃出宮。他為他的馬，犍陟（Kanthaka），套上鞍具，穿過城裡，而車匿緊跟在馬尾巴後面，拚命要阻止他離開。天人打開城門讓他出去，當他出了迦毘羅衛城，就用刀割去鬚髮，穿上僧衣。然後要車匿牽著犍陟回到父親的家，在另一個佛教傳說裡，我們看到犍陟心裂而死，但是轉生三十三天成為天人，以報答牠幫助佛陀證道的功德。*17

在喬達摩認真踏上求道的旅程之前，還要接受最後的試煉。世界的主宰，罪惡、貪欲和死亡之神魔羅（Māra），突然出現威脅他。「不要成為沙門，不要出家啊！」魔羅請求他。如果喬達摩在家再待七日，他就會成為轉輪聖王，統治全世界。想想他可以成就多麼偉大的事業！他可以行仁政而終止生命的苦。然而這是個輕率的選擇，也是個幻相，因為苦絕對無法用武力去征服。那是愚夫的建議，而喬達摩終其一生，魔羅都不斷試圖阻礙他的旅程，引誘他墮落。那個晚上，喬達摩對魔羅的試煉視而不見，憤怒的魔羅拒絕放棄。「你如果起貪欲之念，瞋恚之念，或是危害之念，我就要來捉你啊。」魔羅喃喃自語。[*18]他「就如影子一般」跟住喬達摩，找尋他的過失。[42]在喬達摩成等正覺很久以後，還得不斷和魔羅對抗，而魔羅就象徵著榮格（C. G. Jung）心理學所說的陰影面，也就是心靈裡阻抗我們解脫的所有潛意識元素。菩提絕不是一蹴可幾的。拋棄過去的自我，是很可怕的事，因為那是我們知道如何生存的唯一方式。儘管這個熟悉的世界是不圓滿的，我們還是習慣執著它，因為我們害怕未知的世界。但是喬達摩的梵行卻要他放棄他所愛的一切以及他有缺陷的人格。在每次的考驗裡，他都必須和自己抗拒捨離的心（以魔羅為其象徵）對抗。喬達摩尋求的是人類完全不同的生活方式，而這個新的自我的誕生，需要漫長而艱苦的努力。這也需要技術，於是喬達摩出發尋找可以指引他的菩提道的導師。

42. Ibid., I:63.

譯注

*1. 釋迦族（Śākya）是當時殘存的王國之一，在今尼泊爾南部的羅柏提河東北，傳說有十城，由十城共推迦毘羅衛的淨飯王，悉達多的父親，為他們的共主。

*2. 見《中阿含．柔軟經》。另見：《佛本行集經．遊戲觀囑品》：「時淨飯王為於太子造三時殿。一者暖殿，以擬隆冬。第二殿涼，擬於夏暑。其第三殿，用擬春秋二時寢息。擬冬坐者殿一向煖；擬夏坐者殿一向涼；擬於春秋二時坐者，其殿調適，溫和處平，不寒不熱。復於宮內後園之中，堰水流渠，造作池沼，栽蒔種種眾雜名花，所謂優鉢羅花，波頭摩花，拘物頭華，分陀利華，為於太子作喜樂故。」

*3. 見：《本生經因緣總序》：「此時羅睺羅之母（王子之妃）生產，淨飯王遣使往告菩薩曰：『向予王子（菩薩）傳予之喜慶。』菩薩聞之曰：『邪障羅睺羅出，為我之繫縛。』王問曰：『予之王子，是何言哉。』聞其語王：『今後予孫命名為羅睺羅王子。』菩薩乘華麗馬車，具大光榮，而進入人心極端喜慶之

華美莊嚴都中。」

*4. 見：《自說經》：「如尊師大迦旃延之說法，住於俗家者，難完全清淨，猶如削硨磲貝純潔之行梵行。我寧剃除鬚髮著袈裟衣，出家而為無家之身。」

*5 當時印度婆羅門階級把他們的一生分為四個階段：梵行期、家住期、林棲期、遁世期。在梵行期時出家就師，守不婬之戒，行乞奉師，事奉聖火。家住期過著世間生活，林棲期則隱居林中，到了遁世期，捨棄財產，遊行四方，堅守諸戒，就稱為比丘。

*6. 見《本生經》：「菩薩於送車匿出後，思欲見幼兒一面，解趺坐而起立，赴羅睺羅母居之處，輕開室門，於此瞬間，見室中香油燈火，孤獨點燃，羅睺羅之母臥於素馨、茉莉諸花大量散撒之床上，以手置幼兒之頭上而眠。菩薩置足於地蓆之上而立，彼見此自思：『若予退妃之手抱兒，妃必醒覺，如是則予行將受阻礙。待予成佛之後，再來相會！』於是彼由宮殿下來。」

*7. 《中部．聖求經》謂：「諸比丘，如是我曾作是念：『何故我於自生法而求生法，於自老法而求老法，乃至於自雜穢法而求雜穢法耶。然則我當於自生法知

生法過患，求無生無上安穩涅槃；當於自生法知生法過患，求無生無上安穩涅槃；當於自老法知老法過患，求無老無上安穩涅槃；當於自病法亦復如是如是，當於自死法亦復如是如是，當於自愁法亦復如是如是，當於自雜穢法知雜穢法過患，求無雜穢法無上安穩涅槃。』」

*8. 動詞的過去分詞。

*9. 語見：《相應部》：「世多不快語，苦行者堪忍；不因此焦心，不因此痛苦；如風怖林鹿，其聲亦驚人；若謂輕其心，修行不成就。」

*10. 三火為：家主火、供養火、祖先祭火。

*11. 「新滿月祭（Darsapūrnamāsan）與家庭的祭典新滿月祭（Pārvana）併行，為最大之祭典。……大體以陰曆一日十六日為正當。行此禮時，各需二日，即預備祭及本祭也。預備祭名曰布薩（uparvasatha），於新滿之前日，祭主夫婦作一定之加行（varta），眠於家主火舍之小室（佛教之布薩即其變形）。」見：高橋順次郎、木村泰賢《印度哲學宗教史》，頁231-32。

*12. 歐洲學者大抵都認為「upanisad」的字源是「sad」（坐，印度學者則認為源

自「亡」或「接近」之意。要之皆強調其為秘密教義。見：高橋順次郎、木村泰賢《印度哲學宗教史》，頁231-32。

*13. 見：《唱贊奧義書》：「『置此鹽於水中，明晨再來見我！』彼為之。則謂之曰：『取如昨夜置於水中之鹽來！』彼探之（於水中）不得，蓋全已溶解。『汝由此邊飲之！如何耶？』『鹹也！』『汝自中間飲之！如何耶？』……『誠哉！吾兒！於此（身中）汝固不見彼「有者」然彼固在其中也。是彼為至精微者，此宇宙萬有以彼為自性也。彼為「真」，彼為「自我」，彼為爾矣！』」《五十奧義書》，頁193-194，徐梵澄譯，中國瑜伽出版社，1995。

*14. 見：《本生經．因緣總序》：「只此八人婆羅門觀菩薩相好，菩薩宿胎中時，此等人曾占夢兆。其中七人伸二指而為豫言，彼等謂：『彼王子相好，如居家為轉輪王，如出家者，則將成佛。』彼等無保留地說明轉輪王之光榮。然此中最年少青年，姓憍陳如，彼見菩薩具完全最優相好，彼謂：『王子無居家之理由，彼確將除煩惱蓋而成佛。』故彼只伸一指，豫言唯一之道。彼於過去佛所，曾立誓願，為達最後之生者，故其智慧，勝他七人，故謂：『具此相好，

不應居家，王子必將成佛。』彼認此唯一之道，故伸一指，如是豫言。」

*15. 見：《本生經．因緣總序》：「王子見何而出家耶爾時王問：『予之王子見何而出家耶。』臣：『有四前兆。』王：『彼為云何？』臣：『見老人、病人、死人、出家者。』王曰：『自今以後，此等之物不許近予王子之側。予之王子，無成佛之必要。予思欲見予之王子握有一萬二千屬島所圍四大洲之統治權，遂行政治，四周為三十六由旬群眾所圍繞，步行空中。』王為遮蔽此四種前兆之諸人出現於王子目前，於四方每一伽烏達設置崗哨。當日有同族八萬戶人集於祝場，每戶各捧獻一子，向王申告曰：『無論王子成佛或為王，予等各獻一子。若成佛，則為剎帝利族出家之沙門，敬侍外出。若為王，則為剎帝利族身之諸子，敬侍外出。』王擇容貌殊勝無稍缺點之婦人隨侍菩薩。菩薩受無數宮人侍奉，於無上榮華富貴中生長。」

*16. 見：《本生經．因緣總序》：「菩薩於大尊嚴、華美之中，返還自己宮中，臥於寢殿。於是立即有如天女之姿婦女等，以各類之飾飾身，熟練舞蹈音樂，執各種樂器，圍繞菩薩，開始舞蹈、音樂、歌唱以樂菩薩之心；菩薩之心已脫離

煩惱，對舞蹈等，絲毫不感興趣，不久入眠。婦人等亦自思：『彼已成眠，予等徒勞何為？』於是各擲所持樂器而臥，味香之油燈，寂然燃燒。經時不久，菩薩醒覺，於臥榻上盤足趺坐，眺望彼婦人等擲出樂器之臥相。或流唾液口沫，污染四肢，或軋齒鼾聲，或囈語張口，或敞胸懷，現怖厭相。菩薩見婦人等之醜態，出離諸欲之念，愈益迫切。而在裝飾如帝釋天宮菩薩所居之大高臺上，宛如縱橫徧地無數刺殺之死屍傾躓之墓場，三界如同被火之家，『此實為禍，此實悲慘！』菩薩口唱感嘆之偈，一心傾向出家。」另見：《根本說一切有部破僧事．卷四》。

*17. 犍陟升天的故事，見：《佛行本起經．卷二十》：「時彼大臣及國師等，說是語已，相與俱行，其馬乾陟，處處聞於如上苦切呵責言已，意甚憂愁，生大熱惱。以熱惱故，無暫時歡；心既不歡，即便命盡。命盡之後，應時上生三十三天。既生彼天，後知如來得成道已，即從彼天，捨來下生中天竺國於那波城，其城有一婆羅門種，具行六法，即為彼家，而作子息，乃至漸大，至如來邊。如來知彼往昔之時作於馬身，命終生天，時佛即說彼馬因緣，既聞法已，漏盡

解脫，入般涅槃。」

*18. 見：《本生經．因緣總序》：「此一瞬間，魔王思使菩薩歸還，彼來立於空中曰：『汝不可行，自今七日，出現輪寶，汝將為一萬二千小島圍繞四大洲之王，汝請歸還。』菩薩：『汝為何人？』魔王：『予乃婆沙婆天！』菩薩：『予知輪寶出現，然予不思王位，予將成鳴響一萬世界之佛。』魔王曰：『若是此後汝抱貪欲之念、瞋恚之念、危害之念時，予將前來捉汝。』為探尋菩薩之過失，彼將形影不離，隨定菩薩。」更多魔羅阻撓佛陀出家的故事，見：《根本說一切有部破僧事．卷五》。

第二章　求道

喬達摩離開地處偏遠的釋迦國，到了摩揭陀國，那是新文明的中心。首先，巴利文傳說告訴我們，他在王舍城郊待了一陣子，王舍城是摩揭陀的首都，也是當時最繁榮的城市之一。他在那裡托缽乞食，引起頻婆娑羅王的注意，他對這個年輕的釋迦族比丘印象深刻，而想要知道他的來歷。[1]這顯然是對於喬達摩初訪王舍城的穿鑿附會之說，但是這個插曲卻突顯了他未來傳道的某個重要面向。[*1]喬達摩生於迦毘羅衛城的王室，和國王或貴族都很熟悉。釋迦族並沒有種姓制度，但是當他進入該地區的主流社會裡時，他自稱是個剎帝

1. *Sutta Nipāta* 3:1.

利，也就是統治階級。喬達摩以外來人的客觀角度去審視吠陀社會的結構。他並沒有被教導要崇拜婆羅門，也不覺得自己在他們面前會相形見絀；後來當他建立自己的教團時，他也放棄根據種姓的嚴格階級區分。在那些種姓制度逐漸瓦解的城市裡，他那批判性的態度對他非常有利。而且重要的是，他初訪的城市並不是窮鄉僻壤，而是個大工業城。他一生都在恆河平原上的城鎮說法，城市化為那裡帶來劇烈的改變，人們非常渴望精神文明，進而使那些地方既人文薈萃也茫然失措。

喬達摩初訪王舍城時，並沒有待很久，就啟程尋訪堪能引導他解脫和梵行入門的導師。在釋迦族，喬達摩可能很少看到僧侶，但是當他沿著連結各城市的新商道遊行時，他可能會很吃驚地看到許多穿著袈裟、托缽乞食、雜處於商人之間的遊行比丘。在城裡，他可能看到比丘默默站在屋子門口，並不直接乞食，只是持著缽，而渴望得到福報往生善道的家主，則會很高興地用剩菜剩飯填滿他們的缽。當喬達摩離開大路在長滿榕樹、檀木和棕櫚樹的林子裡睡覺時，他可能遇到許多夜宿林下的僧團。有些在林棲期的人們會攜妻隱居。更有些在「梵行期」的婆羅門，在林中朝夕事奉三聖火，研習嚴格的吠陀教義，以追求證道。從六月中旬持續到九月的雨季完全無法旅行，僧侶們習慣聚集在森林或郊外園林和墓地，直到大水退去，道路恢復通行。在那時候，喬達摩加入他們，遊行比丘在當時社會的地位很崇高。就像商人一樣，他們幾乎要成為第五種姓。[2]

以前，許多人獻身這種特別的志業（ājīva），只是為了逃避家庭和工作的辛苦。其中總是有些厭世者，他們是逃兵、負債者、破產者和逃犯。但是當喬達摩啟程求道的時候，他們開始形成組織，即使是最不受拘束的僧侶，也都會信仰某種支持其存在的思想。於是許多不同的學派如雨後春筍般地出現。在勵

---

2. Trevor Ling, *The Buddha: Buddhist Civilization in India and Ceylon*, London, 1973, 76-82; Hermann Oldenberg, *The Buddha: His Life, His Doctrine, His Order* (trans. William Hoey) London, 1882, 66-71; Michael Carrithers, *The Buddha*, Oxford and New York, 1983, 18-23; Sukumar Dutt, *Buddhist Monks and Monasteries in India*, London, 1962, 38-50。

精圖治的新王國拘薩羅和摩揭陀裡，官府開始控制人民，不准人民過著對社會整體沒有任何貢獻的另類生活方式。僧侶們必須證明他們不是寄生蟲，而是可以增進國家靈性修養的哲學家。[3]

他們大部分思想都集中在輪迴和「業」的學說上，旨在斬斷使他們不斷生死流轉的無盡輪迴。《奧義書》說，苦的主要原因是無明：當行者更深刻地認識他的真實且絕對的自我時，就會發現他的痛苦不再如此劇烈，並且預示了最後的解脫。但是拘薩羅、摩揭陀以及恆河平原東部的國家其實對於實修比較感興趣。他們不認為無明是苦的主要原因，愛欲（tanhā）才是罪魁禍首。他們所謂的愛欲不是那激勵人類追求崇高梵行的高貴憧憬，而是指那使我們說「我要」的貪欲。他們很擔心新社會的貪婪和我執。我們看到，他們屬於那個時代，也吸收了源自市場經濟的個人主義和自力解脫的思潮，但是就像軸心時期的其他聖哲一樣，他們知道我執可能會很危險。恆河東部的沙門相信這種渴愛使人繫縛於輪迴之中。他們推論說，我們所有的行為或多或少都是受欲望驅使的。當我們想要某個東西，就會想辦法得到它；當男人渴慕女人時，他會想方設法地引誘她；當人們墜入情網時，他們會想要占有對方，而且不由自主地依依難捨，不時渴望著對方。沒有人要幹辛苦而且往往無聊的工作，除非他們可以從中得到物質的享受。所以欲望是人類行動（業）的燃料，但是每個行為都有深遠的影響，並且決定人們來生的存在模式。

因此，業會招感分段生死；如果我們能夠避免造業，就有可能擺脫出生、煩惱和死亡的另一個輪迴。但是我們的欲望迫使我們造業，因此沙門歸結說，如果我們的心識能夠斷除愛欲，我們的業就會越來越少。但是一個家主沒有機會斷除欲望。他整個生命便由一個個命中注定的行為組成。[4] 作為有妻小的男子，他的責任便是傳宗接代，如果沒有半點性欲，他便無法和妻子行房。除非他有些許的貪欲，否則他便不可能成功經營事業或貿易。如果他是國王或剎帝利，那麼他就必須有權力欲，才能夠治理國家或是和敵人征戰。的確，如果沒

---

3. Ling, *The Buddha*, 77-78.
4. Richard F. Gombrich, *Theravāda Buddhism: A Social History from Ancient Benares to Modern Columbo*, London and New York, 1988, 47.

有貪愛和由愛欲而生的業，社會就會停頓下來。家主的生活受到愛欲、貪念和野心的支配，使他不斷造業受果，而繫縛於存在的網罟；他難免要不斷生死輪迴，忍受另一個痛苦的生命。的確，家主可以透過善業而得到福報。譬如說，他可以供養比丘，累積功德以生善道。但是因為所有的業都是有限的，他們的果報也是有限的。而這些果報無法引領家主到涅槃不可思議的寂靜平安。我們的業最多只能幫助我們往生天界，但是即使是天人的生活都有盡頭的一天。結果，家主生活裡無盡的義務和責任，便成為輪迴和梵行障礙的象徵。家主被繫縛在宿命的行為的踏車上，永遠沒有解脫的希望。

但是沙門的情形就好多了。他已經放棄性愛；他沒有妻兒要照顧；也不需要工作或從商。比起家主，他享有更多的行動自由。[5]但是即使沙門造的業比較少，他還是覺得欲望終其一生都和他糾纏不清。即使最精進的沙門也都知道自己沒有完全斷離渴愛。他還是受苦於種種貪欲，有時候也會渴望生活的享受。是的，守貧有時候反而會徒增欲望。那麼沙門如何得到解脫呢？他如何認識他真實的自我，而使其擺脫物質世界，如果他再怎麼努力都還會渴望俗世的事物？這些主要的苦行教派提出許多不同的答案。有個導師演說了一個「法」（dhamma），即教義和戒律的體系，他相信可以對治這些難以調伏的煩擾。然後他聚集弟子，成立僧伽（sangha）或伽那（gana）（古代吠陀稱呼該地區的部落團體）。這些僧伽並不是像現在宗教團體那樣有緊密的組織。他們幾乎沒有共同生活，也沒有正式的行為規範，僧眾可以來去自由。只要他發現更契機的法，隨時可以離開他的導師，而沙門似乎也盡其所能地四處尋訪最好的導師。比丘在路上習慣如此彼此問候：「尊者汝師何人，復說何法？」

喬達摩遊經拘薩羅國和摩揭陀國時，可能也是這樣到外頭遇見沙門，因為他正在尋訪一個導師和僧伽。起初他或許覺得這些思想的衝突讓他迷惑。僧伽競相宣說他們的教法，就像商人在市場上積極推銷他們的貨物一樣。熱情的弟子會稱他們的導師為「覺者」（Buddha）、「天人師」。[6]就像其他軸心時期的

---

5. Ibid., 48-49.
6. Oldenberg, *The Buddha*, 67.

國家，這裡也有激烈的論戰，他們辯才無礙，民眾也對此很有興趣。宗教生活不是離群索居的狂熱者所獨有的，而是每個人關心的問題。導師們在市集公開辯論，群眾齊聚聽聞說法，[7]俗眾在一旁支持他們各自所屬的僧伽彼此詰辯。當僧伽的導師來到城裡時，家主、商人和官員會把他找來問法，非常熱情地詢問教法的種種殊勝，就像現在的足球迷談論球隊一樣。俗眾會讚嘆論辯的精湛，但是他們的興趣絕不是在理論上。在印度，宗教知識總有個判準：它是否有用？它是否能夠改變個人，熄滅生命的煩惱，指引平安和最後解脫的希望？沒有人對形上學本身感興趣。教法必須是以實修實證為取向，舉例說：幾乎所有林棲者的思想，都是要平息新社會的暴戾，並提倡「不害」（ahiṃsā）的倫理學，也就是主張隨順和柔軟。

因此，跟隨末迦利瞿舍梨（Makkali Gosāla）和富蘭那迦葉（Pūraṇa Kassapa）兩位導師的阿時縛迦派（Ājīvaka），否認當時流行的業的理論：他們相信每個人終究都會從輪迴解脫，即使過程需要幾千年。每個人都必須經歷幾次生死，體驗每一種生命的形式。這個教法的重點就是存養心靈的平靜：無需要擔心未來，因為一切都是命定的。同樣的，由聖者阿耆多翅舍欽婆羅（Ajitakeṣakambala）所領導的唯物論者否定輪迴之說，主張人是四大組成，取命終者，自然還歸諸元素。你的行為如何並不重要，因為每個人的命運都沒什麼差別，所以最好是即時行樂，人的行為也都只是以增進快樂為目的。刪闍耶毘羅胝子（Sañjayavasratīputra）是懷疑論者，否認任何最終真理的可能性，教導說所有行為都應該是培養友誼和心靈的平安。既然所有真理都是相對的，討論只會引起惡意攻詰，因此應該避免。喬達摩時代的耆那教是由尼乾陀若提子（Nirgranthajñātiputra）所領導[*2]，人稱大雄（Mahāvīra, Great Hero），他們相信惡業如微塵障覆靈魂，使其下墮。所以應該避免任何行為造作，特別是那可能傷害其他生命的「業」，即使是植物或昆蟲。有些耆那教徒甚至完全不動，以免不小心踏到樹枝或濺出一滴水，因為即使是低等的生命形式也都蘊藏著靈魂，他們因為前世的惡業而被禁錮在這些生命裡。但是耆那教在如此溫和的教

---

7. Carrithers, *The Buddha*, 25.

義以外，對自己卻非常暴力，並以很可怕的自我懲罰以燒盡惡業的果報：他們會斷食，不飲酒、洗澡，並且暴露在極冷或極熱之處。[8]

喬達摩沒有加入這些教團。相反地，他到毘舍離（Vesālī）附近去，那是毘提訶國（Videha）的首都，接受阿羅邏迦藍（Ālāra Kālāma），他似乎傳授某種形式的數論。[9]喬達摩可能已經很熟悉這個學派，它最早溯自西元前七世紀的迦毘羅仙人（Kapila），而他也遊行於迦毘羅衛城。這個學派相信，我們問題的根源是在無明而不是貪欲；我們的苦衍生自我們對於真實自我的缺乏瞭解。我們誤以為這個自我就是我們平常的心意識，但是要得到解脫，就必須明白，這個自我和這些短暫、有限而缺憾的心理狀態沒有半點關係。自我是永恆的，和神我（puruṣa）是同一的，它潛藏在萬物之中，只是被自性（prakṛti, pataki）遮蔽住了。根據數論的說法，梵行的目的是要學習分辨自性和神我。行者必須學習放下混亂的情緒，存養人類的正知見而且最清淨的部分，只有這個部分才能夠映現永恆的神我，就像鏡子裡映現的花朵一樣。這不是容易的事，但是只要沙門真正明白他真實的自我是自由的、絕對且永恆的，他就得到解脫了。自性會立即從自我當中消失，「如舞伎在愉悅主人後便離去，」[*3]古代的經典如是說。[10]一旦如此，沙門便得以證道，因為他們喚醒了他們真正的本性。煩惱再也無法沾染他，因為他知道他是永恆而絕對的。是的，他會發現自己在說「它受苦」而不是「我受苦」，因為苦已經是很遙遠的經驗，距離他現在認識的最真實的身分很遠。證道的聖哲會繼續住世，燃盡他所造的業，但是死後便不再輪迴，因為他已經從物質的自性中解放了。[11]

喬達摩覺得數論很適合他，而當他建構自己的教法時，他也保留這個哲學的某些元素。對於喬達摩這樣剛剛對世界感到幻滅的人而言，這顯然是很有吸引力的思想，因為它教導行者行住坐臥都不離梵行。自性只是剎那生滅的現

---

8. Ling, *The Buddha*, 78-82; Joseph Campbell, *Oriental Mythology: The Masks of God*, New York, 1962, 218-34.
9. Ling, *The Buddha*, 92; Mircea Eliade, *Yoga, Immortality and Freedom* (trans. William J. Trask), London, 1958, 102.
10. *Sāṃkhya Karika*, 59.
11. Eliade, *Yoga*, 8-35.

象，無論它多麼擾動不安，都不是究竟的實在。然而，對於那些感到世界疏離的人而言，數論也是個對治的知見，因為它說，儘管世界看起來沒有希望，卻還是我們的朋友。它可以幫助人類成道，就像人類一樣，自然世界的每個生物都渴望使自我得到自由；因此自性決定退位，讓自我重獲自由。即使是煩惱也有其救贖的意義，因為我們受的苦越多，我們就越渴望那個沒有煩惱的世界的存在；我們越是經驗到自性世界的羈絆，我們就越企盼解脫；我們越是明白我們受限於外在力量，就越嚮往那絕對且無為的神我世界。但是無論他的渴望多麼強烈，苦行者總是感到非常難以脫離物質世界。有限的人類受苦於情緒的暴流和肉體的不羈，如何能夠超越這些迷惑，以智慧去生活呢？

喬達摩很快地就遇到這些問題，發現思考數論的真理無法得到真正的解脫，但是剛開始的時候，他還是有長足的進步。阿羅邏仙人收他為徒，承諾他在短時間內可以瞭解「法」，並且和他的老師一樣多聞。他將會接受這些教義。喬達摩很快就掌握其精髓，並且像教團其他人一樣的倒背如流，但是那還是不能說服他。他覺得其中有些地方不對勁。阿羅邏則對他保證說他會「理解」這些教義，並且「親證」它們。那不是在他之外的真理，而是會融入他自己的靈魂，成為他生命中的真實世界。他很快就會成為法的化身。但是事情並不是這樣。他沒有如阿羅邏所預言的那樣「入法」或「安住其中」；那些教法仍然是遙遠的形上學抽象思考，似乎和他個人沒有關係。無論他如何嘗試，都無法窺見真正的自我，它還是固執地藏在自性似乎無法穿透的殼裡。這是宗教共同的困境。人們經常基於信仰而接受傳統的真理，聽信他們的見證，但是宗教的內在核心，璀璨的本質，卻仍然捉摸不定。但是喬達摩對於鑽研這些戲論相當不以為然。他總是質疑一切事物，後來他建立教團，也諄諄告誡弟子不要輕信傳聞。他們不可以囫圇吞棗地接受導師告訴他們的東西，而要仔細驗證那些法，確定是否符合他們自己的經驗。

所以即使在他剛開始求道的時候，他還是拒絕把阿羅邏的教法當作信仰。他到導師那裡問他們如何「理解」這些教法：他當然不會輕率地相信別人的話。阿羅邏承認他不是單單透過思維去「親證」數論的教法。他不只是以平常的、理性的思想去證悟這些教義，而是利用瑜伽的技術。[12]

我們不知道印度的瑜伽術最早是什麼時候發展出來的。[13]有證據顯示，在雅利安族入侵前的印度次大陸，就可能已經有瑜伽術了。西元兩千年前的碑刻繪有可能是以瑜伽姿勢坐著的人們。直到佛滅以後很久，才有關於瑜伽的文字說明。古老的文獻是寫於西元二世紀或三世紀，是基於神秘主義者巴丹闍梨（Patañjali）的教法，他大約是西元二世紀的人。巴丹闍梨的觀想和靜慮的教法是以數論哲學為基礎，卻是在數論沒落時開始發展的。他的目的不是要提出形上學理論，而是要鍛鍊不同的意識模式，可以真正進入感官所不能及的真理。這必須壓抑平常的意識，並透過批卻導窾的心理和生理的技術，給與瑜祇某種超越感官和理性的洞見。就像阿羅邏一樣，巴丹闍梨知道，凡夫的思辨和玄想並沒辦法使自我擺脫自性：瑜祇是完全憑著他的悉地成就獲致的。他必須放棄平常觀照世界的方式，摒除他平常的思維程序，拋開俗世的（低位的）自我，彷彿是對他頑固抗拒的心予以當頭棒喝，以遠離虛妄不實。同樣的，瑜伽並沒有什麼超自然的東西。巴丹闍梨相信，瑜祇只是開發他自然的心理和心靈的能力。即使巴丹闍梨在佛滅後很久才傳法，但是經常和數論並提的瑜伽術，很可能在喬達摩的時代的恆河地區便已為大眾所接受，在林棲者之間也很流行。瑜伽被證明是喬達摩證道的關鍵，他後來也採用其傳統的教義去建立他自己的教法。因此，理解傳統的瑜伽方法是很重要的，喬達摩很可能是從阿羅邏仙人那裡學來的，並且使他得以證得涅槃。

「瑜伽」（yoga）這個詞衍生自動詞「yuj」：有「相繫」、「相應」的意思。[14]其旨趣是要使瑜祇的心和他的自我相應，並且拴繫心靈的所有力量和衝動，如此意識便能達到凡夫無法做到的唯一境性。我們的心很容易散亂。我們往往難以長時間專注於某個事物。念頭和妄想似乎不請自來地浮現意識，即使是在最不適當的時候。我們顯得拿這些意識的衝動毫無辦法。我們許多心理活動都是不由自主的：我們的心像會彼此召喚，聯想會把那早已忘記而湮沒的念

12. *Majjhima Nikāya*, 26, 36, 85, 100.
13. Eliade, *Yoga*, 35-114（討論古代瑜伽）。
14. Ibid., 4-5.

頭焊接起來。我們很少就其自身去思慮某個對象或觀念，因為它總是浸透著個人的聯想，而立即扭曲它，使我們無法客觀地思慮它。有時候這些心境會充滿痛苦：它們的特色是無知、自私、渴愛、厭惡以及自我保存的本能。它們非常堅固而難以摧伏，因為它們植根於潛意識的活動（熏習，vāsanā）裡，難以駕馭而對行動又影響深遠。早在佛洛伊德和榮格發展現代的心理分析之前，印度的瑜祇已經發現潛意識的心靈，而在某個程度下知道如何去主宰它。瑜伽因而和軸心時期的思潮完全並行——試圖使人類更加意識到自己，使那隱約直覺到的事物清楚浮現。瑜伽讓修行者認識到這些難以駕馭的熏習，而如果它們是障道因緣，便拋開它們。

這是個艱難的歷程，瑜祇的每一步都必須有導師的謹慎指導，正如現代接受心理分析治療的人需要他的分析師的幫助。為了控制潛意識，瑜祇必須斬斷和俗世的葛藤。首先，他必須「出離」，也就是離開社會。然後他必須接受嚴厲的訓練，逐步使他揚棄平常的行為模式和心理習性。他會使從前的自我死去，以喚醒真實的神我，那是完全不同的存有模式。

西方人對於瑜伽有全然不同的經驗，對他們而言，這些聽起來的確很陌生。軸心時期的聖哲和先知逐漸認識到，我執是體驗絕對者和追尋神聖的最大障礙。人們必須去除深植於人性的私欲，如果他們想領悟神、梵或涅槃的真實世界。中國的哲學家教導說，如果人們想要成聖，就必須克己復禮，使自己的欲望和行為順從生命的本質節奏。希伯來先知也提到順服上帝的旨意。後來的耶穌教導他的門徒說，靈性的追求需要自我的死亡：一粒麥子不落在地裡死了，仍舊是一粒，若是死了，就結出許多子粒來。穆罕默德也宣說「伊斯蘭」（順服）的重要性，那是整個存有將生命交付給真主。我們會看到，放棄我執和私欲，是喬達摩的教法裡最關鍵的部分。瑜伽可以說是有體系地除去私欲的障覆，這個私欲的心會扭曲我們對世界的認識，而障礙轉識成智的歷程。北美和歐洲練習瑜伽術的人們並不一定以此為目標。他們學習瑜伽往往是為了增進健康。他們覺得這些念住的練習有助於人們放下身心，或是抑制過度的焦慮。瑜祇用來靜慮的觀想技術，有時候癌症病患也會拿來用：他們試著去想像癌細胞，喚醒潛意識的力量去和疾病對抗。當然，瑜伽術可以增強我們的自制力，如果訓練正確的話，可以得到平靜，但是原始瑜祇的修行並不是為了治病延年。相反的，他們想要放棄平常的生活，破除他們俗世的我執。

就像喬達摩一樣，恆河平原的許多沙門都明白，以邏輯論理的方式去建構一個教法，是無法達到他們所追尋的解脫。理性的思維方式只利用到心靈很小的部分，當它特別思及靈性的問題時，就會顯得捉襟見肘而不得其門而入。他們會發現，無論他們如何嘗試專注，還是經常陷入許多侵入意識的妄念和無益聯想。當他們修習某個法的教義時，也會覺得心裡有各種無法駕馭的阻抗。他們心裡隱藏的部分還是會渴望某些被禁止的事物，無論他們的意志力多麼堅強。心靈似乎有個潛伏的趨勢，會頑固地抵抗證道，在佛教的經典裡，把這個阻力人格化為「魔羅」這個角色。這些潛意識衝動經常是過去習氣的結果，早在沙門到達理性的年紀，便已經深植在他們心裡，或者那其實是他們的遺傳。恆河的沙門當然不會談到遺傳，他們把這個阻抗歸咎於前世的業報。但是他們如何突破這些習氣而臻至那超越心靈紛擾的絕對神我呢？他們如何從這狂亂的自性裡拯救神我呢？

沙門追尋著凡夫意識不可能達到的自由（freedom），它比現在的西方國家所追求的自由（liberty）更加澈底，後者往往只是要求和自己的限制妥協。但是印度的沙門想要掙脫人類個性裡特有的習氣，揚棄限制我們認知的時間和空間。他們所追尋的自由可能比較接近後來的聖保羅所說的「成為神的兒子的自由」[15]，但是他們不滿足於等待體驗這天上的世界。他們想要在此時此地以自己的努力獲致。瑜伽的訓練是要摧伏證道的障礙，滌清人性的習氣。一旦瑜祇們如實完成，他們相信自己可以與神我合而為一，它是無為者、永恆者、絕對者。

因此，神我是存在之神聖面向的主要象徵，相較於一神教的神、印度教的梵我，柏拉圖哲學裡的善，其實有異曲同工之妙。喬達摩試著要「安住」阿羅邏仙人的法，希望能夠涵泳在平安和圓滿之中，就像《創世記》裡的人類在伊甸園裡所體會到的。從觀念上去認識這個樂園一般的平安（shalōm）或涅槃是

15. *Galatians*, 4:1-11.

不夠的；他要的是「自證親證」，就像我們周圍呼吸的空氣。他相信在他心靈深處會發現這個超越性的和諧的寧靜感覺，而這個感覺會澈底改變他：他會得到新的自我而不再承受肉體的痛苦。在所有軸心時期的國家裡，人們都追尋更內在化的宗教形式，但是很少像印度的瑜祇那麼澈底。軸心時期的洞見之一是：神聖並不只是「外在的」事物；它也內蘊且臨現於每個人的存在根基裡，這個觀念的極致表現，便是《奧義書》裡的梵我合一。然而即使神聖如此接近自我，卻非常難以尋得。伊甸園的大門已經關上。在古代，人們認為人類很容易接近神聖。遠古的宗教相信，諸神、人類和所有的自然現象，都分享著相同的神性實體：在人神之間並沒有存有學（ontological）的鴻溝。但是軸心時期陷入的困境，有一部分是因為這個神聖或神性的向度最後撤離了世界，在某個意義下，反而變得和人類非常疏離。

例如說，在希伯來聖經的早期經文裡，亞伯拉罕和神一起吃飯，神到他的帳篷以旅人的形象對他顯現。[16]但是對於軸心時期的先知們而言，他們體驗到的神卻是毀滅性的震撼。以賽亞在聖殿裡看到神時，充滿了即將滅亡的恐懼；[17]耶利米認識的神使他受盡肢體之苦，使他的心感到沮喪，使他像醉漢一樣步履蹣跚。[18]和喬達摩可能同時代的以西結，他的一生證明了在神聖和那個傲慢而自我防衛的自我之間存在著嚴重的斷裂：神讓先知憂慮驚惶，而不停地顫抖；他妻子死去時，神不准他悲泣，神逼他吃糞便，要他揹著滿滿的袋子像難民一樣在城裡遊走。[19]有時候，為了體驗神的臨現，似乎必須否定文明的個體的正常反應，殘害世俗的自我。早期的瑜祇也經常如此傷害他們的凡夫意識，俾使自己可以領悟到無為且絕對的神我，他們相信這個神我就在他們心裡。

瑜祇相信只要他們摧伏凡夫的思維歷程，泯除他們的念頭和情緒，澈底消

---

16. *Genesis* 18；另見：*The Acts of the Apostles* 14:11-17。路司得城的人們認為保羅和巴拿巴是宙斯和赫美斯神的顯聖。
17. *Isaiah* 6:5.
18. *Jeremiah* 44:15-19.
19. *Ezekiel*, 4:4-17; 12; 24:15-24.

滅潛意識裡抗拒證道的熏習，神我就可以得到解脫。於是他們和心裡的習氣對抗。在心靈之旅的每個地方，瑜祇的行為總是和自然的狀態唱反調，每個瑜伽的訓練都是要顛覆平常的反應。像苦行者一樣，每個瑜祇從「出離」社會開始他們的靈修生活，但是他們又更進一步。他要放棄家主的心靈；他要「出離」人性本身。印度的瑜祇們不追求世俗的成就，在旅程中甚至拒絕和這世界有任何關係。

阿羅邏可能漸次傳授喬達摩這些瑜伽訓練。但是在冥想之前，必須有健全的道德基礎。倫理的教義在於調伏我執，潔淨其生命，簡約到最基本的狀態。瑜伽給與初學者強大的專注力和自制力，但如果是為一己之私，則可能會誤入魔道。因此，行者必須恪守五種「制戒」（yama），以駕馭頑固（低等）的自我。這五種制戒禁止修行者偷盜、妄語、飲酒、殺生和行淫。這個戒律和耆那教的在家眾戒律很類似，也反映了「不害」的倫理觀念，決心拒絕欲望，以達到身心的絕對清淨，這是恆河地區的苦行者共同的目標。直到這些制戒成為喬達摩的習慣，才可以接受進階的瑜伽訓練。[20]他又必須修行某些內制

(niyama)(身體和心理的訓練),包括清淨、習法、滿足等等。此外還有苦行(tapa)的訓練,忍受嚴寒酷熱和飢渴而沒有抱怨,控制言語和姿勢,不可以表露他內在的念頭。這不是容易的歷程,但是當喬達摩嫻熟這些制戒和內制以後,可能就開始體驗到「妙樂」,瑜伽的經典告訴我們,那是自制、清醒和不害的結果。[21]

然後喬達摩準備接受第一個真正的瑜伽訓練:坐法(āsana),瑜伽特有的身體姿勢。[22]這些方法都在於否定人類自然的傾向,也顯示瑜伽在原則上的厭離世界。在坐法裡,他安住不動,藉以學習阻斷心靈和感官的聯繫。他必須結跏趺坐,上身挺直不動。在駕馭自然中,他會明白,我們的身體是不斷地在運動當中:我們眨眼、搔癢、挺胸、臀部的重心不斷移動、轉頭以反應刺激。即使在睡夢中,我們也不得安歇。但是在坐法中,瑜祇完全不動,看起來比較像

20. Eliade, *Yoga*, 59-62.
21. *Yoga-Suttas*, 2:42.
22. Eliade, *Yoga*, 53-55.

是雕像或植物，而不像是個人。然而當他深得其中三昧時，這個不自然的姿勢卻可以反映出他想要達到的內心寧靜。

其次，瑜祇也會訓練止息。呼吸可能是我們身體最基本的、自律性的、本能的作用，也是生命絕對不可或缺的。我們通常不會想到自己在呼吸，但是現在喬達摩必須掌握調息（prāṇāyāma）的技術，使呼吸越來越悠長。[23] 其目標是在緩慢的出入息之間盡可能地中止呼吸，越久越好。呼吸似乎完全停止了。調息不同於日常生活裡節奏不整的呼吸，而比較類似我們在睡覺時的氣息，在夢裡和催眠的想像裡，我們更能接近潛意識。止息不只是顯示瑜祇的澈底厭離世界：他們自始便發現調息對心理狀態有深層的影響。在初始的階段，行者發現類似音樂作用的感覺，特別是在獨自彈奏時：有種莊嚴、壯闊以及平靜的崇高感。自己的身體彷彿是著魔一般。[24]

當喬達摩掌握這些身體的訓練後，他已經準備好接受唯一境性（ekāgratā）的訓練：心念專注在「一點上」。[25] 在念住裡，瑜祇息心絕慮。初學者學習專注在某個對象或觀念上，不讓任何妄念闖入心靈。

喬達摩逐漸脫離凡夫的狀態，試著接近永恆神我的自律性。他學習制感（pratyāhāra），只透過智慧去思維對象，而感官則完全靜止。[26]在執持（dhāraṇā）裡，他學習在自己存在的根基上觀想神我，像池中長出來的蓮花，或是內心發出的光。在靜坐當中，初學者中止呼吸，希望自覺其意識，並且深入智慧的核心，據說他在那裡可以看到永恆神我的映現。[27]每個執持大約持續十二次制感之久，經過十二次執持之後，瑜祇便深入自我，自然進入靜慮（dhyāna）的狀態。[28]

經文裡強調這些完全不同於我們每天所作的反省，也不是服藥後的狀態。

23. Ibid., 55-58.
24. Ibid., 56.
25. Ibid., 47-49.
26. Ibid., 68-69.
27. Ibid., 70-71.
28. Ibid., 72-76; 167-73; Carrithers, *The Buddha*, 32-33; Edward Conze, *Buddhist Meditation*, London, 1956, 20-22.

當技術純熟的瑜祇掌握這些訓練後，他通常會發現自己達到新的難勝境界，至少是在禪定當中。他可以不畏寒暑：意識無止息的流動已經得到控制，就像神我一樣，環境的緊張和變化再也無法影響到他。他會融入所觀想的對象或念頭裡。因為他抑制他的記憶以及一個對象會引起的雜亂聯想，因此不會被妄念分散注意力，他不會把這些念頭「主觀化」，而會「如實」觀照，這是瑜祇很重要的一句話。「我」開始從他的念頭消失，他也不再透過自己經驗的篩選過濾去觀察對象。於是，再平凡單調的對象都會透顯出全新的性質。有些初學者可能會想像自己開始穿透自性的扭曲障翳去認識神我。

瑜祇在利用這些技術去沉思教法時的思慮清澈，是其他真理的理性表述望塵莫及的。這就是阿羅邏仙人所謂的「自證親證」的知識，因為在瑜祇和他的教法之間不再有妄念和我執的阻隔；他重新清澈透明地「觀照」它，沒有主觀聯想的扭曲障覆。這些經驗並不是妄念。制感造成的身心變化，以及教導他如何掌握心理歷程、甚至監控潛意識衝動的訓練，確實使意識產生改變。技術嫻熟的瑜祇擁有凡夫無法想像的心靈絕技；他在訓練時已經顯露心靈的力量。而在掌握這些技術後，他又發現新的能力，就像舞者或運動員把人類體能發揮到極致一樣。近代的研究者說，在靜坐時，瑜祇的心跳會減緩，腦波進入不同的模式，神經的反應脫離他的周遭環境，對於觀想的對象也非常敏銳。[29]

當瑜祇進入靜慮時，心理狀態就會越來越深沉，而和日常經驗脫離關係。在靜慮的第一個階段，他會完全忘記當下的環境，感覺喜悅輕安，但是瑜祇只能猜想這是究竟解脫的起步而已。他偶爾還會有妄念，零散的念頭會掠過心頭，但是他處於靜慮當中，遠離貪欲、苦受或樂受，一心不亂地專注於觀想的對象、符號或教法。在第二和第三靜慮階段，瑜祇熱中於真理，以致於全然拋下妄念，不再意識到以前感受到的禪悅。在第四和第五階段，他完全融入教法的種種符號象徵，覺得與它們合而為一，此外更無他物。這些狀態並不是什麼超自然的東西。瑜祇知道這都是自心所造，但是他確實想像自己離開了這個世界，接近他的目標。如果他真正掌握這些技術，便可以超越靜慮的狀態，進入

29. Carrithers, *The Buddha*, 30, 34-35.

四空處（āyatana）*4，這境界非常專注，以致於早期的瑜祇認為他們是進入天人的世界。[30]瑜祇次第體會到這四種心理狀態，似乎引領他到新的存有模式；有點像是無限，只覺知到自身的清淨意識，以及闃如的感受，很弔詭的是，那也是一種豐盈。只有根器不凡的瑜祇才能達到第三處，稱之為「無所有處定」，因為在這裡和世俗經驗的存在不再有任何關係。那不是另一種存有，而且是言語道斷的。因此，更正確地說，它是「無」而不是「有」。有人形容為走進房間卻發現裡頭空無一物：那是空無、開闊和自由的感覺。

一神教信徒在形容關於神的體驗時也有類似的說法。猶太教、基督宗教和伊斯蘭的神學家們，各自以不同的方式，把人類意識裡至高無上的神性流出叫作「虛無」。他們也認為倒不如說神並不存在，因為神不只是另一種現象而已。在面對超越者或聖秘者時，語言總是遇到極大的困難，而這種否定性的語彙，也是神秘主義者很本能地用來強調其「他者性」（otherness）的方法。[31]可想而知，臻至這三空處的瑜祇們想像自己終於體驗到那蘊藏在存有核心的無邊神我。阿羅邏仙人是當時少數達到「無所有處定」的瑜祇，他說他已經進入「神我」，那是他的求道目標。喬達摩是個非常有天賦的學生。瑜伽通常要練上一輩子，但是沒多久喬達摩就告訴他的老師說他已經成就了「無所有處定」。阿羅邏喜出望外，他邀請喬達摩和他一起領導僧伽，但是喬達摩拒絕了。而且他也決定離開阿羅邏的教團。

喬達摩對於瑜伽方法完全沒有疑問，他後來也使用這些修行法門。但是他無法接受他的老師對於禪坐經驗的解釋。在這裡，他表現出對於形上學學說的懷疑主義態度，這也是他整個宗教的特色。當他知道這些經驗是他自己創造出來的，「無所有處定」怎麼會是無為無造作的神我境界呢？「無所有處定」不可能是絕對的，因為那是他透過自己的瑜伽經驗創造出來的。喬達摩非常冷靜誠實，絕對不被任何沒有事實加以驗證的解釋矇騙。他所成就的禪悅意識不可能是涅槃，因為當他出定後，還是得受苦於熱惱、貪欲和渴愛。他還是保有這

30. Ibid., 33; Eliade, *Yoga*, 77-84.
31. Karen Armstrong, *A History of God*, London and New York, 1993.

個罪惡而貪婪的自我。他並沒有透過這個經驗永久地改變自己，也沒有得到不變易的安穩。涅槃不可能是暫時的！這在概念上是矛盾的，因為涅槃是永恆的。[32]我們平常生命的剎那生滅是苦的主要特徵，也是煩惱不斷的來源。

但是喬達摩仍然想給這個瑜伽的解讀最後一次機會。「無所有處定」並不是最高定處。更高的境界是「非想非非想處定」，這更微細的境地或許可以臻至神我。他聽說有個叫作鬱陀伽（Uddaka Rāmaputta）的仙人證得這希有難得的境界，於是加入他的僧伽，希望鬱陀伽可以指導他這個最高的瑜伽靜慮。然而不久他又成就了，而出定之後發現自己仍然受苦於貪欲、驚怖和煩惱。鬱陀伽說當他成就這個最高禪定時，便可以體驗到神我，但是喬達摩無法接受這個解釋。[33]這些神秘主義者所說的永恆的神我，會不會只是另一個妄念呢？這些瑜伽只能給修行者暫時逃避煩惱的地方。數論瑜伽的形上學學說使他很失望，因為它們無法賜與傑出的瑜祇任何究竟的解脫。*5

所以喬達摩暫時放棄了瑜伽，而轉向苦行，有些林棲者相信苦行可以燒盡所有的惡業，而得到解脫。他加入其他五個苦行者，*6在林中苦修，有時候也會閒居獨處，遠遠看見牧人，便趕緊躲到林間。在這期間，喬達摩時而裸形，時而以粗麻蔽體。在寒冷的冬夜，他睡在曠野，以粗礫為床，甚至以自己的排泄物為食。他修止息禪觀，以致於他的頭似乎要裂掉，耳朵裡有可怕的隆隆聲。他不再進食，「身極羸瘦，如阿熙提迦草及迦羅草節」，欲觸腹皮，卻捉脊柱。他的頭髮都掉光了，皮膚皺縮凋萎。有一次，路過的天人見他倒臥路旁，失去知覺，還以為他死了。但是這些苦行卻都是枉然。無論他如何的苦修，或許也正因為如此，他的身體還是喧嚷不休，他仍然受苦於貪欲和渴愛。事實上，他似乎比以前更加在意自己。[34]

最後，喬達摩不得不面對這個事實：苦行和瑜伽一樣，都不是菩提道。他如此極端地否定我執的結果，只是換得瘦骨嶙峋和風中殘燭般的身體。他很可能就此死去，卻仍然無法證得涅槃的喜樂平安。他和五比丘住在優婁頻羅

---

32. *Majjhima Nikāya*, 26, 36, 85, 100.
33. Ibid.
34. Ibid., 12, 36, 85, 200.

村（Uruvelā）附近，在尼連禪河（Nerañjarā）畔。他知道其他五個比丘視他為領袖，他們都相信他會最早得到究竟解脫，斷除諸結煩惱，不受後有。然而他卻使他們失望了。他告訴自己，沒有人比他更能忍受殘酷的苦行，但是這非但無法使他擺脫人性的束縛，反而為他增加更多的煩惱。他走到路的盡頭。他已經盡所有可能去探索各種菩提道，但是那些都不是證道之路。當時偉大導師們所宣說的教法，似乎根本上都是有所遺漏的；許多行者都像他一樣的病入膏肓、形容枯槁。[35] 有些人會很氣餒，因而放棄求道，回到他們過去拋棄的舒適生活。一個家主或許注定要墮入輪迴，但是「出離」社會的苦行者一樣也無法倖免。

瑜祇、苦行者和林棲者都知道，我執和貪欲是問題的根本。人類似乎習於執持自我，這使他們無法進入神聖的喜樂平安。他們用各種方法要破除我執，穿越過無止盡的意識遷流和潛意識的熏習，去體會那絕對的原理，他們相信可以在心靈深處發現它。瑜祇和苦行者特別試著厭離世俗生活，對於外在的束縛不為所動，有時候甚至幾乎死去。他們知道我執的危險，試著以「不害」的理想去調伏它，但是幾乎不可能完全消滅這個私欲。這些方法對喬達摩都沒有用；他的世俗生活還是沒有改變；他還是受苦於欲望，陷溺在意識的羅網裡。他開始懷疑這個神聖的神我是不是個妄念。他或許開始想，他所追尋的不是永恆無為的實相的象徵。追尋那崇高的神我，可能反而助長他原本想要消除的我執。但是喬達摩沒有放棄希望。他還是確信人類可以達到菩提的究竟解脫。因此，他完全依賴自己的洞察。既有的宗教思想都令他失望，因此他決定靠自己走出一條路來，不再接受其他導師的教法。他大聲說：「通達菩提，當有他道。」[36]

就在山窮水覆的時候，他發現了新的答案。

35. Ibid., 36.
36. Ibid.

譯注

*1.《根本說一切有部破僧事》：「時頻毘娑羅王在樓觀望，遙見菩薩行步端正被如法僧伽胝衣捧持一鉢如法瞻視威儀庠序次第乞食。見是事已私自念言：『我王舍城中諸出家人，未有若此之者。』……爾時頻毘娑羅王。聞是語已問菩薩曰：『汝出家士，作此苦行欲有何願？』菩薩報曰：『願得阿耨多羅三藐三菩提。』王曰：『汝若得道者應當念我。』報曰：『依汝所願。』

*2. 尼乾若提子，又稱為筏馱摩那（Vardhamāna, ca. 599-527），耆那教的創始者。

*3. 見：《金七十論》：「復次偈言：如伎出舞堂，現他還更隱；令我顯自身；自性離亦爾。如伎出舞堂，現他還更隱者。如一伎兒作歌舞等樂，現身示觀者，彼人見我已，我事已究竟，還隱於障中。自性亦如是。或約覺現身，或約慢現身，或約五唯五根五作五大等現身，或約喜憂闇癡三德及三世間等現身，現身已然後則遠離不復受三熱故，說令我顯自身自性離亦爾。」

*4. 四空處，「又云四無色，無空界之四處也。是乃修四空處定所得之正報。梵名

為『Catuarupa』：一空無邊處（Akasanantayatana），略名虛空處，又云空處。修虛空無邊定所生之天處也。二識無邊處（Vijnananantayatana），略云識處。修心識無邊定所生之天處也。三無所有處（Akincanyayatana），修心識無所有定所生之天處也。四非想非非想處（Naivasanjnanasanjnayatana），又名非有想非無想處。生此天處之人，定心深妙，想念最為味劣，無麤想，故云非想，非細想，故曰非非想。此四處於五蘊無色蘊，正報唯為受想行識四蘊之假和合而無色身，又無依報之國土宮殿，故曰無色界，又名曰空處。因之非可以國土分四處，故由因行之禪定而說果以立四處之別也。其中前三者從所修之因行而立名，第四處從當體而立名，見俱舍論八，法界次第上。然依部宗而有不同。有部，經部，唯識，總無色法，有之者皆為變現，大眾部有細色而無麤色。又，涅槃經有細色之說。」（丁福保，《佛學辭典》〈四空處〉條）

*5. 關於喬達摩從兩位仙人學道經歷，見《中部．薩遮迦大經》，另見《過去現在因果經》。

*6. 即五比丘，憍陳如、額鞞、跋提、十力迦葉、摩男俱利。

第三章　證道

傳說喬達摩童年生活在很懵懂無知的狀態，他被隔絕起來，無法認識到任何世間的苦，然而只有透過這個認識才能使我們的心靈成熟。但是佛陀在晚年回憶說，他曾經有個機會，得以窺見另一種存有模式。他的父親帶他去看為了明年耕作而舉行的下種節。村莊和城鎮裡所有人都會參加這個每年一次的慶典，淨飯王把孩子安置在閻浮樹下，囑咐褓姆們好好照顧他，然後去主持舉鋤下種的儀式。但是褓姆們也跑去看國王舉鋤下種，喬達摩看到四下無人，就起身結跏趺坐。[*1]這個故事的另一個版本說，當他看到人們用犁耕地時，注意到嫩草都被挖起來，新芽上的蟲和蟲卵也都死掉。[*2]小男孩看到這場大屠殺，感到莫名的悲傷，好像是他的親戚遭到殘害。[1]但是那是個美麗的一天，因為他的心油然產生清淨妙樂。我們都會感受這樣的時分，不期然而遇，不費半點力氣。的確，當我們反省我們的幸福，自忖為什麼如此喜悅而開始認識自己時，這個喜悅之情便褪色了。當我們把自我帶到裡面時，那即興的喜悅便無法持續下去：那本質上是個神遊物外的時刻，是一種狂喜，使我們脫離身體，超越我執的偏光鏡。這種「出神」（extasis），字面意義即為「站在自我之外」，這和我們醒覺的生活裡充斥的渴愛和貪婪完全不同。喬達摩後來反省說，那是「離欲界愛」的境界。小孩子因為油然而生的慈悲心而進入忘我的狀態，和他無關的眾生的痛苦刺穿了他的心。而這個無私的同理心竟然使他得到短暫的心解脫。*3

小男孩本能地結跏趺坐，上身端正，盤起雙腿。他是天生的瑜祇，很快就進入初禪，也就是心境寂靜喜樂，但是仍然有尋、伺等心理活動。[2]*4沒有人教他瑜伽技術，但是沒多久小孩子就經驗到神遊物外的感覺。佛陀的回憶告訴我們說，大地都知道喬達摩的靈性潛能。長日將盡，其他樹影都已偏斜，唯有他頭上的閻浮樹影卻靜止不動，為小男孩遮蔭。褓姆回來看到這奇蹟都嚇呆了，趕緊把淨飯王找來，淨飯王見狀便向小男孩禮拜。這最後的元素自然是杜撰的，但是這個禪定的故事，無論是不是真實的歷史，在巴利文聖典都很重要，據說在喬達摩的證道裡扮演著關鍵的角色。

幾年後，當他既樂觀又絕望地吶喊著「通達菩提，當有他道」時，喬達摩回想起他的童年。那時候，童年神遊物外的回憶又自然而然地浮現眼前。喬達摩回想起「閻浮樹的涼蔭」，不免聯想到涅槃的「清涼」。*5 許多修行者必須經過多年辛苦的修證，才能達到初禪的境地，但是他卻毫不費力地就達到了，而且讓他預嘗涅槃之味。自從他離開迦毘羅衛國以後，為了對抗欲望，他躲避所有的快樂。在苦行林裡，他幾乎毀掉他的身體，期望自己可以藉此躋身和人類充滿痛苦的世界完全相反的神聖世界。然而他小時候毫無困難地就得到這個瑜

1. Joseph Campbell, *Oriental Mythology: The Masks of God*, New York, 1962, 236.
2. *Majjhima Nikāya*, 36.

伽的出神經驗，那是在一種純粹的喜悅之後。當他仔細思考閻浮樹下的清涼時，想像自己如何以此羸身在熱惱命終後得到寂滅（nibbuta）的解脫。然後他突然有個奇怪的念頭。他自問：「這會是菩提之道嗎？」其他的導師會不會都搞錯了？或許我們不必折磨這個可憎的自我，便可以任運自然地得到解脫。涅槃是否可以成為我們人性結構的一部分？如果一個無師自通的小男孩，可以未經嘗試下達到初禪並且預嘗涅槃之味，那麼瑜伽的正見就應該是深植於人性本身才對。或許我們不應該把瑜伽當作壓抑人性的工具，而是用來喚醒我們走向心解脫（ceto-vimutti）（同義於等正覺）的本性。[*6]

喬達摩仔細反省過童年的種種經驗後，相信他的直覺是正確的。這確實是涅槃之道。現在他所要做的只是去證明它。是什麼使得離生喜樂可以如此輕易地住於初禪？其中有個重要元素，喬達摩稱之為「隱居」。以前他被拋下一個人獨處，如果褓姆沒有拋下他去看熱鬧，他就不會進入禪定狀態。禪修需要獨處和靜默。在閻浮樹下，他的心遠離物欲以及任何不善且無益的事物。喬達摩出家六年，戰勝了人性，粉碎其中的每個衝動。他甚至不信任任何快樂。但是現在他問自己，他為什麼要害怕在那漫長的午後體會到的喜悅呢？那種離生喜樂和貪愛或物欲完全無關。有些喜悅的經驗確實可以幫助人們斷除我執，而達到究竟的瑜伽狀態。當他如此問自己的時候，他便以慣常自信的堅定語氣回答說：「我已生樂受，然非纏縛我心。」[3][*7]秘密就在於回到使他住於初禪的獨處經驗，增長善（kusala）的心念，正如那使他為昆蟲和新抽嫩芽感到悲傷的無染著的慈悲心。同時，他也要避免那些無益的甚至障道的心境。

當然，他已經透過持守「五戒」而奉行多年，也就是摒棄諸如殺生、妄語、偷盜、飲酒和婬淫的不善（akusala）。但是現在他體認到這還不夠。他必須培養和這五種制戒相反的積極態度。後來他說，求道者在追求善法時，必須「勇猛精進、堅定、不屈不撓」。「不害」只是其中的一部分：修行者不只是要「不害」，更必須增長自己的慈悲心，以對治任何微細的瞋念。[*8]不妄語是很重要的，但是「正語」卻更加關鍵，要注意你的話語是「有理趣、有辨別、與義

3. Ibid.

利俱之語」。[*9]除了不偷盜以外，比丘應該對於所接受的布施感到喜悅，而心不起愛憎，並且少欲知足。[4]瑜祇常說恪守五戒可以得到「妙樂」，但是如果能夠增長這些積極面的心態，則此妙樂自然會加倍。當這些善法熟練到成為修行者的第二天性時，喬達摩相信，他們會「內受無穢之樂」[*10]，很接近他小時候在閻浮樹下的樂受，雖然不完全相同。[5]

根據經文所述，這個幾乎是普魯斯特（Proust）式的回憶，是喬達摩很重要的轉捩點。自此他便決定和人性攜手並進，而不是去對抗它，也就是增長那些有助於菩提道的心態，而不去理會任何可能會障礙其潛能的念頭。喬達摩發展出他所謂的「中道」，既避免肉體和情緒的自我耽溺，也不會淪為極端的苦行（這可能會毀滅一個人）。他決定立即離開他和五比丘棲身的苦行林，他在那裡絕對無法得到「無穢之樂」的經驗，而這經驗正是解脫的前奏曲。經過好幾個月，他終於攝受粗食，接受乳糜（kummāsa）供養。五比丘看到他吃起東西來，感到非常震驚，然後便很厭惡地離開，認為喬達摩已經放棄求道了。[6][*11]

當然事實並非如此。喬達摩必須慢慢調養自己，恢復健康，而這時候他或許正在發展自己特別的瑜伽。他不再想要發現他的永恆神我，因為他開始認為這個神我也是另一種妄念，使人們無法得見道跡。他的瑜伽是要讓他更瞭解自己的人性，俾使自己證得涅槃。首先，在禪定之前的準備，是他所謂的「念住」（sati），他在其中反省自己任何時候的行為。他觀察到他的情緒和感覺的潮起潮落，以及意識的流動。感官的欲望生起時，他並不是去打破它，而是觀察它如何生起和褪去。他觀察他的感官和思想與外在世界互動的方式，並且意識到自己的每個身體動作。他覺知自己行走、彎腰、伸展肢體，以及「吃、喝、咀嚼、品嘗、便溺、行、住、坐、睡、醒、說話、靜默」時的行為。[7] 他觀察念頭如何在他心裡起落生滅，以及欲望和忿怒在不斷地流動，可能會困擾他大半個鐘頭。他可以「繫念」於他對突然的噪音或是溫度的變化的反應，看

4. *Aṅguttara Nikāya* 9:3; *Majjhima Nikāya*, 38, 41.
5. *Majjhima Nikāya*, 27, 38, 39, 112.
6. Ibid., 100.
7. *Dīgha Nikāya*, 327.

看這些微細的事物如何擾動他心裡的平靜。這個「念住」不同於心理變態式的自我觀察。喬達摩並不是把他的人性放在顯微鏡下，為了自己的「罪」而譴責自己。在他的體系裡，沒有「罪」這種東西，因為任何的罪惡只不過是「無益」而已：它會把修行者困在他原本想要超越的自我裡。喬達摩用「善」和「不善」這兩個語詞頗具深意。例如說，性愛不是因為那是罪惡才列於五種制戒裡的，而是因為那無助於人們入涅槃；性愛象徵著那把人類禁錮在輪迴裡的欲望。性愛會耗費許多原本可以用在瑜伽上的精力。比丘的禁止婬淫，和運動員在重要比賽禁食某些食物沒什麼兩樣。性愛有其用途，只是對於追求「聖道」無益。喬達摩不是因為要打擊自己的缺點才去觀察自己的人性，而是要熟悉其作用，以開發人性的能力。他後來相信，關於苦的問題的解答就在他自己心裡，就在這「七尺之軀，這身體和心靈」裡。[8]只要他改善其世俗的本性，就可以得到解脫，因此他必須深入研究這本性，就像熟知如何御馬一樣。

但是念住的修習也使他深深感覺到苦和招致諸苦的欲望是無所不在的。充斥在意識裡的念頭和渴愛都是剎那生滅的，而且都是無常（anicca）。無論渴愛多麼強烈，很快就會枯竭，而被完全不同的東西取代掉。沒有任何事物是持久不變的，即使是禪悅亦然。生命的變易本性是苦的主要原因。當喬達摩在念念相續間觀察他的情緒時，他覺知到生命的苦不僅限於衰老、疾病和死亡的重大傷痛。其實每天甚至每個小時都在發生，且每天都會臨到我們微細的失望、拒絕、挫折和失敗裡。「（生亦是苦，老亦是苦，死亦是苦，）愁悲苦憂惱亦是苦，怨憎會是苦，愛別離是苦，求不得亦是苦。」[*12]後來的他如是解釋。[9]是的，生命裡亦有歡樂，但是當喬達摩把這些快樂放在念住的冷靜觀照下，他發現到我們的滿足經常意味著他人的痛苦。一個人的富有往往是建立在他人的貧窮之上；當我們得到快樂的事物時，便開始擔心有一天會失去它；而我們會追求某個欲求的對象，即使我們心裡知道那個事物到頭來還是會使我們痛苦。

念住也使喬達摩明白，欲望或渴愛的無所不在正是苦的原因。自我非常貪

---

8. *Saṁyutta Nikāya*, 2:36.
9. *Vinaya: Mahāvagga*, 1:6.

得無饜，總是要占有其他事物或是人。我們幾乎無法如實觀照事物的本來面目，我們眼睛所見總是被扭曲，像是我們要不要他們，如何得到他們，或是他們能給我什麼好處。因此，我們的世界觀總是被我們的欲望扭曲了，而當我們的欲望和他人渴愛有衝突時，就會產生惡念和瞋恨。所以，喬達摩總是把貪（tanhā）和瞋（dosa）並舉。當我們說「我要」時，我們經常發現自己充滿了羨慕、妒嫉和忿怒，如果別人阻礙了我們的欲望，或是他們得到我們無法得到的東西。這便是「不善」的心態，因為這心態會使我們變得更自私。欲望和瞋恨，以及伴隨它們的情緒，都是世界的苦難和邪惡的始作俑者。一方面，欲望使我們「攀緣」或「貪著」那些永遠無法使我們恆久滿足的事物。另一方面，欲望卻也使我們對現狀總是感到不滿。喬達摩發現一個接一個的渴愛佔據他的念頭和心靈，他注意到人類不斷渴望成為其他人、想到其他地方、或是獲得他們所沒有的事物。彷彿是在不斷尋求重生的形式，一種新的存在方式。即使是在我們想要改變身體姿勢、走到另一個房間、吃個點心、或是突然放下工作找別人聊天，都可以看到貪欲的顯現。這些微細的貪欲在每個剎那裡都在侵襲我們，讓我們不得喘息。我們心裡充滿了流轉變易的衝動而變得散亂不安。「世界的本質就是變易，恆常決定變為他物，受變易之苦，只有在變易裡抓住快樂，才能稱為快樂，但是變動的愛裡卻有恐懼，而這恐懼就是苦。」[10][*13]

但是當喬達摩反省這些真理時，並不是以平常論理的方式去思考。他以瑜伽技術去觀照它們，使這些真理比任何理性思辨的結論都要更加鮮明且直接。每天上午，當他托缽乞食歸來時，他會找個空閒寂靜之處結跏趺坐，開始「唯一境性」或止慮的瑜伽練習。[11][*14]他會以瑜伽為基礎去修習念住，使其心清淨明潔。他可以「直接」諦觀它們，深入其中，學習如實觀照，而沒有我執的自我保護的扭曲。人類通常不會想要瞭解苦的遍在，而喬達摩則以瑜伽的訓練「如實知」。但是他並不止於這些負面的真理；他同樣專注於增長善法。他後來解釋說，人如果要清淨其心，則必須在瑜伽靜坐、調息和轉變意識狀態的修

10. *Udana*, 3:10.
11. *Majjhima Nikāya*, 38.

行時，培養正面而有益的心：

「……捨瞋恚故，以無瞋恚心而住，憐愍一切生類，淨化瞋恚心。捨昏沈睡眠故，離昏沈睡眠而住，具足觀想、念、正智，淨化昏沉睡眠。捨掉悔故，不掉悔而住，內寂靜心，淨化掉悔故。捨疑故，離疑而住，而於善法無有猶豫，淨化疑心。彼以捨此等五蓋、心穢、慧羸故，離欲離不善法。」[*15]

如此，瑜祇「淨化」其瞋恚、昏沉睡眠、掉悔、懷疑的心。[12]過去婆羅門相信，他們必須透過牲祭的儀式行為才能淨化其靈魂。但是現在喬達摩明白，透過禪修的行為，如果深入瑜伽修行，也可以轉化意識和潛意識無止息的毀滅性傾向，如此便不需要祭司的中介，而可以增長清淨法。

在喬達摩的晚年，他說他所發展的瑜伽方法可以使人得到重生，不再受貪愛、渴望和我執的宰制。後來他解釋說，如劍出鞘，如蛇蛻皮，「劍與蛇為同一物，劍鞘與蛻皮則為不同物」。[13][*16]在他的體系裡，禪定取代了獻祭，而慈悲心的教義則取代了舊有的苦行。他相信慈悲心可以使人達到未曾有的境地。當喬達摩跟隨阿羅邏仙人學習瑜伽時，他知道如何透過四種禪定狀態攀登到意識的最高境界：每個禪定境界都可以使瑜祇的觀照更為清澈明淨。現在喬達摩以他所謂的「無量」（appamana）融入四禪定裡，而改變這個禪法。在每天的靜坐裡，他都會謹慎地喚醒慈悲心，「廣大、無邊、無量、無有瞋恚」，迴向世界四個角落。他沒有忽略任何有情，植物、動物、朋友、敵人，他都把這些福報散發給他們。當他有了這無量心之後，「慈無量心」相應於初禪，增長對萬物的慈愛之心。「悲無量心」相應於二禪，學習分受其他有情的煩惱，設身處地體會他們的痛苦，就像他在閻浮樹下感受到嫩芽和昆蟲的痛苦一樣。當他進入三禪時，則培養「喜無量心」，為其他有情的快樂感到喜悅，而不曾想到這些快樂如何回到他身上。最後當他達到四禪，也就是完全融入觀想的對象，

---

12. Ibid.
13. *Majjhima Nikāya*, 2.

而超越任何苦樂受，喬達摩會生起「捨無量心」，怨親平等，無有愛憎。[14]這是非常困難的境界，因為瑜祇必須完全斷除我執，不再思慮其他人或事物對我有什麼好處或害處；他必須放棄個人的喜好，平等利益一切眾生。當傳統的瑜伽使瑜祇進入捨棄諸受、不為世界所動的狀態時，喬達摩卻在學習融合古老的教義和慈悲的精神，在平等利益一切眾生裡超越自己。*17

念住和四無量心的目的是要破除障覆人類潛能的我執。瑜祇不說「我要」，而是想要利益他人；他不屈服於因為貪愛而生起的瞋恨，而積極投入拔苦與樂的事業。當我們隨著瑜伽境界增上這些善法時，我們心靈的潛意識衝動就自然而然地住於這些善法。四無量心是要撤除我們為了保護脆弱的自我而圍起的樊籬；他們尋求的是更廣闊無邊的存有和視野。當心靈突破平常自私的侷限而擁抱諸有情時，心靈變得「廣大、無邊、崇高、無有愛憎」。意識自覺如海螺聲音一般無邊際，充滿虛空。到了最高境地，瑜伽的悲憫（karuṇā）會生起心解脫，在巴利文經典裡就是指證道本身。[15]透過念住的訓練，喬達摩開始體會到越來越深潛的寧靜，特別是在調息的時候。他開始體會沒有貪欲愛著的生活，這個愛著會腐蝕我們的生命以及我們和他人的關係，把我們囚禁在需要和欲望的狹小牢籠裡。他也越來越不受這些擾動的渴望影響。我們也看到，專注的觀照幫助佛教徒調伏那使我們不得寧靜的散亂心境；當習禪者知道這些侵擾我們的妄念和渴愛都是剎那生滅的，他們就很難再執持為「我的」。最後他們會越來越不為所動。[16]

我們不知道喬達摩花了多久的時間去恢復他苦行多年的健康。經文馬上跳到很戲劇性的場景，讓人覺得喬達摩接受乳糜供養後就準備好要成佛了。情況不會是如此。念住的效果和善法的增長需要時間。喬達摩自己說過那得經過至少七年，並且強調這個新的自我需要長時間的潛移默化。喬達摩後來對弟子

---

14. Hermann Oldenberg, *The Buddha: His Life, His Doctrine, His Order* (trans. William Hoey), London, 1882, 299-302; Edward Conze, *Buddhism: Its Essence and Development*, Oxford, 1957, 102.
15. *Aṅguttara Nikāya*, 8:7:3; Richard F. Gombrich, *How Buddhism Began: The Conditioned Genesis of the Early Teachings*, London and Atlantic Highlands, NJ, 1996, 60-61.
16. Michael Carrithers, *The Buddha*, Oxford and New York, 1983, 75-77.

說：「譬如大海漸漸趣向、漸漸傾向、漸漸臨入，而無有忽然嶮峻。如是，於此法與律，則漸漸有學、漸漸有所作、漸漸有道，而無有忽然了知通達。」[17][*18]但是經典說喬達摩只花了一個晚上就成等正覺而成佛，因為他們比較不關心歷史事實，而只是想要描繪涅槃寂靜的歷程的輪廓。

於是在最古老的經典部分，我們讀到，五比丘捨棄喬達摩，而喬達摩接受乳糜供養，安詳從容地走到優婁頻羅。當他到了尼連禪河畔的將軍村（Senānigāma）時，他看到「一個舒適的地方，美麗的畢波羅樹叢，波光粼粼的河流，怡人平緩的河岸」）。[18][*19]喬達摩心想這就是成就究竟菩提的地方了。如果他想要獲致像在閻浮樹下自然進入初禪那般的寧靜，他就得找個最適當的地方。傳說中，他坐在菩提樹下，結跏趺坐，誓願不成正覺絕不離座。[*20]這個怡人的地方就是現在的菩提伽耶，是個重要的朝聖地，因為人們認為喬達摩在這裡證得如理智（yathabhuta），也就是證道或成正覺。他就是在這裡成佛的。

那是暮春時分。學者們根據傳說推斷喬達摩大約是在西元前五二八年證道，雖然有人證明說應該是在西元前五世紀上半葉。關於那天晚上的事，巴利文聖典有一些描述，但是對於不曾修學佛法的人而言，並沒有多大的意義。經典說喬達摩沉思世間一切有為法，看到他過去諸世因緣，得宿命通，回到幼時體會到的「空閑」獨處的經驗。他很快進入初禪，接著深入意識的最高境界，最後得無漏智而不受後有。[19] 但是這個智慧似乎不是什麼新的東西，也就是傳說中所謂的四聖諦，那是佛教的基本教義。「苦諦」說明了生命的全體。「集諦」說苦的原因是欲望。喬達摩接著說「滅諦」，涅槃是走出這個困境的方法；最後是「道諦」，他說他已經找到從煩惱到涅槃的道路。

這些真理並不那麼原創性。北印度大部分沙門和苦行者都會同意前三個真理，而喬達摩在求道之初便已經知道它們。如果有所謂創新之處，那應該是「道諦」，喬達摩說他找到證得菩提的道路，也就是八正道，更總結為三無漏學，即戒、定、慧。

---

17. *Anguttara Nikāya*, 8:20.
18. *Majjhima Nikāya*, 100.
19. Ibid., 36; *Saṁyutta Nikāya*, 12:65.

一、戒（sila）：包括正語、正業、正命。基本上是增長我們說過的善法。

二、定（samādhi）：是喬達摩修正過的瑜伽訓練，包括正精進、正念、正定。

三、慧（paññā）：正見和正思惟，讓修行者透過戒律和禪定去理解佛陀的法，「直接」住於法，把它融入生活當中。我們會在下一章討論這點。

喬達摩在菩提伽耶一夜之間證道的故事，如果有什麼意蘊的話，那會是說，他突然間絕對確信他真正找到了使求道者證得涅槃的道路。那不是他自創的方法。相反的，他總是強調：「我得古仙人道、古仙人逕、古仙人道跡。古仙人從此跡去，我今隨去。」[20] [*21]在無量劫之前，過去諸佛都曾經教授此法，而這個古老的知識沉埋多年，被人們遺忘。喬達摩堅持這個智慧只是「如實」敘述事物本身；這條道路早就刻劃在存在的結構上。因此那是至為殊勝的法，因為它闡述了支配宇宙生命的根本原理。如果人類、動物或是諸神都能遵循這條道路，就可以成等正覺，得到平安和滿全，因為他們不必再和他們最深層的本性對抗。

但是我們必須瞭解，四聖諦並不是只能以理性去認識的理論，他們不只是觀念性的真理。佛法基本上是個方法，其證成與否不在於形上學的敏銳或是科學的準確性，而是在於是否有用。這些真理宣稱可以斷除煩惱，不是因為人們臣服於某種救世的信條或某種信仰，而是因為他們採用了喬達摩的方法或生活方式。許多世紀以來，人們的確發現這個教法使他們得到若干程度的平安和智慧。正如軸心時期的其他偉大聖哲一般，佛陀主張說，只要走出自己，迎向那超越理性理解的真實世界，人們便可以成為更加完整的人。佛陀從未主張他的四聖諦是唯一的真理，而是說，他是當時第一個「體悟」這個真理並且身體力行的人。他發現他必須斷除這些奴役人性的貪愛、瞋恨和愚痴。他已證得涅槃，雖然他還是會有身體的疾病和其他榮枯盛衰，但是已經不再擾動他內心的

---

20. *Saṁyutta Nikāya*, 12:65.

平安或是使他遭受嚴重的心靈創傷。他的方法起了作用。那天深夜，他在菩提樹下對世界宣告：「梵行已立，所作已辦，不更受有。」[21][*22]

我們沒有遵循佛教的戒律和禪法而行住坐臥，因此無法去評斷他的主張。佛陀總是明白指出，他的法不能只以理性思維去理解。只有根據瑜伽的方法，在正當的倫理脈絡下「直接」認識這個法，才能顯露出其真實意蘊。[22]四聖諦確實有其邏輯意義，但是只有修行者在內心深處認同它，並且身體力行，四聖諦才會使人信服。只有如此，他才能體會到「歡喜」、「愉悅」和「寂靜」，根據巴利文聖典所述，當我們除取我執，脫離自我中心的繫縛，「如實」見諦，才會有這樣的感受。[23]如果沒有佛陀所制定的禪定和戒律，四聖諦就只是抽象的音符，我們無法僅從樂譜去彰顯其美麗，而需要熟練的演奏家去演奏和詮釋它。

即使四聖諦有其理性意義，經典強調喬達摩不是透過論理去認識它的。當他在菩提樹下靜坐時，這個真理從他的存有深處「現起」。透過瑜祇以「勤精進、殷勤心、不放逸」才能得到的「現量」，他在心裡領悟到四聖諦。喬達摩如此沉浸在他所觀想的真理裡，在他和真理之間無有纖塵阻隔。他成為法的人類化身。人們觀察他的言行舉止，便可以看到他的法是什麼；他們可以看到涅槃在人類身上具體實現。為了要分享喬達摩的經驗，我們必須以完全厭離自身的態度去瞭解四聖諦。我們必須隨時準備拋棄過去邪惡的自我。只有當修行者準備放棄所有的我執，喬達摩所制定的慈悲的戒律和瑜伽才能使他們解脫。重要的是，當喬達摩在菩提樹下證得涅槃時，他並不是說「我解脫了」，而是說「它解脫了」。[24]他已經超越自我，達到寂然無我的境定，發現人性未曾有的「不可思議」境界。

他在那個春天的夜晚宣告已證得涅槃時，這個新的佛意味著什麼？他是否像燭燄一般的「熄滅」了，正如「涅槃」這個字的原意所指的？在六年的求道

21. *Majjhima Nikāya*, 36.
22. *Vinaya: Mahāvagga*, 1:5.
23. *Dīgha Nikāya*, 1:182.
24. *Majjhima Nikāya*, 36.

生活裡，喬達摩並不是自虐式地趨向自我毀滅，而是要追求菩提。他想要喚醒人性的所有潛能，而不是要泯滅它們。涅槃並不意味著人的死亡：所熄滅的不是他的人性，而是貪欲、瞋恨和妄念的烈燄。最後，他得到喜悅的「清涼」和寧靜。佛陀斷除了「無益」的心態，得到無我執的平安。我們仍然囚禁在我執的牢籠裡，使我們仇視他人且扭曲我們的知見，因而無法想像這般的境界。

這就是為什麼佛陀在證道後的幾年裡始終拒絕定義或描述涅槃是什麼的原因：那會是「不如法的」，因為對於未證得菩提的人們而言，是沒有任何語言可以描述這個狀態的。[25] 證得涅槃並不意味著佛陀再也不會受苦。他會衰老、生病、死亡，就像每個人一樣，而在這過程中也會感到痛苦。涅槃不會使成正覺的人們宛如出神忘我一般的豁免痛苦，而是指引人們一處內心的港灣，讓人們可以接受痛苦、擁有它、肯定它，在痛苦當中體會到內心的深刻寧靜。因此，涅槃必須從自己心裡，從每個人的存有核心裡去覓得。那是完全自然的狀態，而不是透過恩寵或是超自然的力量授與的，只要人們像喬達摩一樣精進於菩提道，都可以成正覺。涅槃是個寧靜的中心點，它為生命賦予意義。和這個寧靜的地方失去聯繫而無法在生活中實踐這道路的人們，可能會失敗。藝術家、詩人和音樂家的作品必須是出自寧靜而誠實的心，才會有創造力。當人學習接近這個平靜的核心時，他就不再受到衝突的恐懼和欲望的驅使，能夠平靜地面對痛苦、悲傷和煩惱。證道或覺悟的人，可以發現從心裡擺脫了我執的力量。

當他找到這個寧靜的內在世界，也就是涅槃，他就成佛了。他相信如果他斷除了我執，就不會再有流轉生死的火燄，因為使他禁錮在輪迴裡的欲望已經冷卻。當他死後，便會般涅槃（parinibbāṇa），他最後的棲止。而那也不是指完全的斷滅，如有些西方國家的人們所想的。般涅槃是我們無法理解的存在模式，除非我們也已經證道。那是無法以言語形容的，因為我們的語言是源自這個煩惱的塵世的經驗與料，我們真的無法想像沒有我執的生活是什麼樣子。但是這不表示這種存在是不可能的。在佛教裡，認為證道的人死後便不再存在的

25. *Anguttara Nikāya*, 10:95.

人，那是外道的說法。[26]同樣的，一神教的也堅持沒有任何語言文字可以確切形容他們所謂的「神」。佛陀後來對他的弟子說：「入涅槃者無法度量，無法形容，不可思議，言語道斷。」[27] [*23]從俗世的角度去看，涅槃是「無」，這不是因為它不存在，而是因為沒有任何我們已知的事物與之相應。但是那些勤修瑜伽和慈悲而見道跡的人，會發現自己正涵泳在無限豐盈的存有模式裡，因為他們學會了沒有我執的生活。

經典關於佛陀在菩提樹下證道的敘述，使現代的讀者感到迷惑且挫折。對於沒有瑜伽訓練的人們而言，這是上座部佛教很令人困惑的部分，因為他們太過專注於禪定技術的細節。對於外行人而言，反倒是《本生經因緣總序》對於證道的描述比較合情入理。就像對「大出家」的敘述裡，故事裡也會探索證道時的心理和精神蘊含，以一般大眾理解的方式表達，因為其中沒有瑜伽的術語，而以許多神話去鋪陳他的成等正覺。作者並不是想撰寫我們所謂的歷史，而是以無時間性的想像力，以顯示證得涅槃時的情狀。他們使用神話學裡相當普遍的主題，我們則通常會說那是現代以前的心理學，他們追蹤心靈的內在軌跡，開顯潛意識心靈的幽微世界。佛教基本上是心理學的宗教，無怪乎早期的佛教學者如此擅長使用神話。[28]我們得再次提醒，這些聖典裡要告訴我們的，並不是真正發生過的事，而是要幫助讀者證得菩提。*24

《本生經因緣總序》強調的是勇氣和決心的重要性：經典敘述喬達摩英勇地對抗自己心裡各種障礙涅槃的力量。我們讀到，喬達摩在接受乳糜供養之後，便如獅子似地邁步向菩提樹而去，完成他證道的最後階段，決定在那個夜晚成佛。首先，他圍繞著樹經行，四方觀察，想要找到過去諸佛證得涅槃的方向。但是無論他站到哪裡，「大地就立時向一方傾轉，宛如立在裝軸的大車輪的邊緣上。」[29]最後，喬達摩轉到東方，大地安穩不動。喬達摩確定這是

26. Oldenberg, *The Buddha*, 279-82.
27. *Sutta-Nipāta*, 5:7.
28. *Jātaka*, 1:68-76; Henry Clarke Warren, *Buddhism in Translations*, Cambridge, Mass., 1900, 71-83.
29. *Jātaka*, 1:70.

個「不起震動的地方」，是一切諸佛結跏趺坐之處，於是他面向東方以坐法端坐，在黎明朝陽升起之處，堅信他要開啟人性歷史之新頁。「即使我的皮膚筋骨都乾枯，全身的血肉都銷盡，如果我不成正覺，絕不解開這跏趺坐，」他發誓說。[30] [*25]

經典強調喬達摩繞樹數匝時大地的神奇震動，提醒了我們不必從字面的意義去理解這個故事。那是神力灌注世界之處，人與絕對者在此遭遇，而使自己更加滿全。我們想到基督教的傳說，耶穌基督的十字架立在伊甸園中善惡知識之樹所在之地。但是在佛教的神話裡，站在世界之軸的喬達摩是個人，而不是神人，因為人類必須自救，而不求助於超自然力量。經典說喬達摩來到世界之軸，那是個支撐整個宇宙的神話中心。這個「不動之處」是個心理狀態，使我們能夠在完全平衡的情況下觀照世界和我們自己。如果沒有堅定的心以及正確的方向，是不可能證道的：這就是為什麼諸佛在證得涅槃之前都來到這裡（或是進入這個心理狀態）。在許多世界神話裡，人類就是在這世界之軸（axis mundi），這個寧靜的地方，和真實者或絕對者相遇；在這個地方裡，俗世中看似對立的事物，達到了對立的統一（coincidentia oppositorum）境界，那正是聖祕的經驗。生與死，空無與豐盈，物質和精神，就像輪軸一樣聚合在一起，那是平常的意識無法想像的方式。[31]當喬達摩心住一境而等持的時候，他的眼神就像閻浮樹下的那個小孩；當他全神灌注，調伏了我執以後，他相信自己已經準備好在「不動之處」端坐。他終於準備好成等正覺。

但是掙扎還沒有結束。喬達摩還得對抗心裡殘存的力量，這些念頭還執著於染汙的生命，不希望自我就此死去。魔羅是喬達摩的自我影像，現在眼前，偽裝成轉輪聖王，率領龐大魔軍。魔羅騎在高百十由旬[*26]的大象身上，大象有一千隻手臂，各執致命的武器。魔羅的名字意為「幻相」。他象徵著阻礙菩提

---

30. Ibid., 1:71.
31. Mircea Eliade, *The Sacred and The Profane: The Nature of Religion* (trans. Willard R. Trask), New York and London, 1957, 33-37; 52-54; 169. Joseph Campbell, *The Hero With a Thousand Faces*, Princeton NJ, 1986 edn., 40-46, 56-58; *The Power of Myth* (with Bill Moyers), New York, 1988, 160-62.

的無明，因為作為轉輪聖王，他只能想像以武力取得的勝利。喬達摩還沒有完全證道，所以他以德性作為摧伏魔軍的武器，刀或盾。[32] *27作者說，即使魔羅的軍隊其勢洶洶，喬達摩還是安坐在「難勝之處」，證明他勝過這些野蠻的力量。魔羅使用九種風暴，仍然不能趕退喬達摩。前來見證喬達摩證得涅槃的天人都嚇得倉皇而逃，只剩下他一個人。在佛教的觀點裡，人們並不能期望神力幫助他們得到解脫。

這時候，魔羅和喬達摩對峙，和他有一段很奇怪的對話。他說：「悉達多，從這座中立起來，這座不是你的，是我的。」魔羅心想，喬達摩已經超越俗世，他不受外在敵人的侵擾。但是魔羅是世界的主宰，坐在世界之軸的應該是他這個轉輪聖王。他並不明白他剛才表現的忿怒、仇恨和暴力，正好使他無法坐在菩提樹下的這個位置，因為這個座位是屬於有慈悲心的人的。喬達摩說魔羅還沒有準備好證道，他沒有修行波羅蜜、布施和瑜伽。所以喬達摩說：「這跏趺之座不是你的，是我的。」他又說，在過去世，他曾經為他人捨棄財產甚至生命。而魔羅做過什麼？他有什麼證人可以作證說他做過這些布施。魔羅的軍隊齊聲大喊：「我是他的證人！」魔羅趾高氣昂地問喬達摩，他的證人又在哪裡。[33]

但是喬達摩只有一個人，他身旁沒有天人或人類可以為他證道前的菩薩行作見證。於是他做了一件沒有任何轉輪聖王會做的事：他向大地求助。他伸出右手，接觸大地，請求大地為他過去的布施作見證。這時大地以震耳欲聾的聲音回答說：「我可作你的證人。」魔羅的大象嚇得忽然屈膝跪地，他的士兵丟盔棄甲，倉皇四處逃竄。[34] *28結觸地印的姿態，也就是結跏趺坐，右手觸地，是佛教藝術裡最受喜愛的造像。這不只是象徵著喬達摩降服魔羅的俗世挑釁，更深刻的意義在於，佛確實是屬於這個世界。佛法是很艱深沒錯，但是它並不違反自然。大地和無私的人類之間有著深刻的親密關係，喬達摩回憶他在閻浮樹下的禪定時也感覺到這個關係。求道的人們和這個宇宙的根本結構是水乳交

---

32. *Jātaka*, 1:72.
33. Ibid., 1:73.
34. Ibid., 1:74.

融的。即使世界似乎是受到魔羅及其魔軍的宰制，和存在的基本法則最為調和的，還是慈悲的佛陀。

降服魔羅其實就是戰勝自己，在這之後，已經沒有什麼東西可以阻礙喬達摩了。天人又從天上回到他身邊，屏息等待他成就究竟解脫，因為他們和人類一樣需要他。於是喬達摩進入初禪，穿透心靈的內在世界；當他達到涅槃寂靜時，諸佛世界一起震動，搖撼天界和地獄，菩提樹的紅色小花落在成等正覺的人身上：

> 「一萬大世界的花朵開放，所有會結實的樹都懸掛果實。莖上開莖的蓮花，枝上開枝的蓮花，……整個一萬大世界宛如一個迴旋騰空的花球。」[35]

大海的水變甜，盲人能看見，聾人能聽聞，跛者能舉步，囚犯的枷鎖也立時破除。一切在瞬間窺見新的自由和潛能；在這剎那間，所有生命都變得更加滿全。

但是剛出世的佛陀無法越俎代庖地拯救世界。每個個體都必須自己修行喬達摩的教法才能夠證道，他沒有辦法替他們修行。但是佛陀（也就是喬達摩）起初並不想傳法，而只有這個教法才能救度眾生。人們經常稱他為釋迦牟尼（Sakyamūni），釋迦族的寂默者，因為他認識到的教法是無法以言語形容的。然而整個恆河流域的人們都在延頸鵠望著新的宗教思想，特別是在城市裡。巴利文經典說，就在佛陀證道後不久，有兩個商人，帝梨富沙（Tapussa）和跋梨迦（Bhalluka），有天人要他們供養佛陀，於是他們來皈依佛陀。[*29]他們成為佛陀最早的兩個在家眾。[36]但是雖然佛陀接受了他們，卻還是不願意對世界傳法。他對自己說，他的法太難以解釋了，人們還沒準備好接受這個法需要的艱難瑜伽和戒律。大部分的人們不但不想放棄他們的渴愛，反而汲汲於品嚐他們的執著，不想聽聞任何關於厭離自我的教法。佛陀心想：「若我教授這個

35. Ibid., 1:75.
36. *Vinaya: Mahāvagga*, 1:4.

法，世人無法理解，也會身心疲憊而感到失望。」[37][*30]

但是大梵天出現勸請佛陀，他注意佛陀的成正覺，對於他的決定感到很擔憂。「不得了，這個世界要滅亡了。」於是他決定去勸請佛陀。巴利文經典不自覺地把諸神引進故事裡來。諸天人是宇宙的一部分，而在這個傳說裡，魔羅和諸天人都扮演重要的角色，這顯示佛教和古老宗教之間彼此寬容的關係。不像希伯來的先知對於異教的神極盡嘲諷之能事，早期的佛教覺得沒有必要除滅當時流行的傳統信仰。在他生命的關鍵時刻，佛陀讓天人現身相助。就像魔羅一樣，梵天也象徵著他的某個個性面向。這或許是暗示著諸神是潛意識力量的投射。梵天介入的故事或許意味著佛陀心裡有些衝突，佛陀很想頓入寂靜，不受侵擾，享受涅槃的平安，但是他也知道他不能丟下眾生不管。

梵天一反過去的角色，從天界降到人間來，跪在佛陀面前，對佛陀說：「眾生長夜，沒溺生死，墮無明暗，出期甚難。然有眾生，過去世時，親近善友，植諸德本，堪任聞法，受於聖道。唯願世尊，為斯等故，以大悲力，轉妙法輪。」[38][*31]慈悲心是佛陀證道的重要元素。傳說喬達摩是從母親右脅出生的。[39]這當然只是個聖人誕生的譬喻，不必從字面去解釋，只有當我們用心體會他人的苦，把它當作我們自己的煩惱，我們才會成為真正的人。凡夫凡事只看到自己利益，而聖人則努力要緩解他人的痛苦。我們許多人都故意把自己關在冷漠裡，就像年輕的喬達摩身處重重防護的宮殿庭苑裡。但是在喬達摩禪定和求道的過程裡，他敞開自我，面對苦的事實，讓煩惱的世界和他的內心深處起共鳴。他以「現法」認識苦諦，直到和它完全合而為一。他不能深鎖在自己的涅槃裡，這樣他會自限於另一座遊苑裡。這樣的退縮違反了法的根本動能：佛陀如此便無法以「四無量心」度脫眾生，耽溺於自身之寂樂，而無視於眾生倒懸之苦。他得到心解脫的一個重要途徑，便是慈悲心之增長。法要他回到市集去，投身到眾生的煩惱世界。

所幸梵天（或是佛陀人格中的高貴部分）知道這點。佛陀細心聽取他的勸

37. Ibid., 1:5.
38. Ibid.
39. Eliade, *Sacred and Profane*, 200; Campbell, *The Power of Myth*, 174-75.

請，巴利文經典告訴我們，「世尊因知梵天勸請，並哀愍有情，乃以佛眼觀察世間。」[40] *32這段話非常重要。佛陀不能只是為求自己的解脫，而是要能夠悲憫眾生，即使他自己已經斷除了煩惱。佛陀明白，涅槃的門已經為眾生「敞開」；他怎麼可以漠視其他人呢？[41]他在菩提樹下「體證」的真理很重要的一部分是：所謂的正命，就是要為他人而活。他其後的四十五年的生命，將要不停遊化恆河流域的各個城鎮，為天人及諸有情宣說佛法。這個慈悲事業是無止盡的。

但是他要先對誰說法呢？佛陀馬上想到他以前兩位導師，阿羅邏和鬱陀伽，但是隨侍的天人告訴他說兩位導師剛剛去世。他很悲傷。他的導師本來可以瞭解他的法的；而他們錯失了聽聞佛法的機會，必須繼續流轉生死。聽到這個消息，佛陀知道他得要加緊腳步。他又想到和他一起苦行的五比丘。他們因為佛陀接受飯食之樂而厭棄他，但是佛陀並不因此而心有罣礙。他想到過去他們曾經幫助過他，於是動身去找他們。他聽說他們在波羅奈的鹿野苑，便托缽徒步，千里跋涉，要去轉法輪，「擊不死涅槃鼓」。[42] *33他沒有很大的期望。佛陀原以為他的教法只會住世幾百年而已。但是眾生等待救度，為了他證得的菩提，他必須盡可能地幫助他們。

40. *Vinaya: Mahāvagga*, 1:5.
41. Ibid.
42. Ibid., 1:6.

譯注

*1. 見：《本生經．因緣總序》：「某日，王行耕種之式。是日宮中飾如天人之宮殿，僕役之輩，皆著新衣，以香料花環之類飾身，集於王宮之內。王於工作場所，結鋤千架，是日，於百八架中，除一架外，其他牛與網繩，皆以銀飾。王手執鋤，飾赤色金。牛角、網繩、刺釘，皆以金飾。王有眾多侍臣相隨與王子相伴而出。於工作場所，有一閻浮大樹。下設王子臥榻，翳以上鏤金星之傘蓋，周張縵幕，分置警衛。王著各類之飾，大臣等相隨往行鋤式場所而去。於此處王取金鋤，大臣等取百八架中少一架之銀鋤，而農夫等取其他之鋤，一同取鋤，各處耕鋤而行。王由此至彼，由彼來此，於是王感身大榮華。坐於菩薩周圍之婦人等，由幕中外出而言曰：『予等往觀大王雄風。』菩薩環視各處，覺察無人，急起盤足而坐，調出息入息，入第一禪定。婦人等為往來搬運軟硬食物之間，歸來稍遲。見他之樹影稍動，而菩薩之樹影描繪成圓形而靜止。婦人等思樹下唯『王子一人』，急還而開幕，入內觀之，見菩薩盤足坐於臥榻

之上；見其樹影之不思議，急往王處申述：『大王陛下！王子靜坐，他樹之影移動，唯閻浮樹之影，圓形而靜止。』王急來其處見此之不思議，王曰：『王子！予將再度禮拜汝身。』王向王子禮拜。」

*2. 《佛說普曜經．坐樹下觀犁品第八》：「爾時太子年遂長大，啟其父王，與群臣俱行至村落；觀耕犁者，見地新墒蟲隨土出，烏鳥尋啄。菩薩知之故復發問，問其犁曰：『此何所設？』答曰：『種穀用稅國王。』」

*3. 見《過去現在因果經》：「爾時淨居天，化作壞蟲，烏隨啄之。太子見已，起慈悲心，眾生可愍，互相吞食。即便思惟，離欲界愛，如是乃至得四禪地。日光昕赫，樹為曲枝，隨蔭太子。」

*4. 此意指初禪的意識狀態。「尋」(Vitarka)，指尋求事理之麤性作用也；「伺」(Vicâra)，伺察事理之細性作用也。

*5. 見：《中部．薩遮迦大經》：「予父釋迦王行耕事時，予坐於畦畔之閻浮樹蔭下，離欲、離不善法、有尋、有伺，由離生喜樂成就初禪之記憶，彼時予作是念此應是到菩提之道耶？阿義耶薩那！彼予隨念智生：『此乃至菩提之道也。』

阿義耶薩那！如是予思惟之：『予除欲及不善法，有恐怖其他之樂否？』阿義耶薩那！彼予其次思惟之：『予除欲及不善法，無恐怖其他之樂也。』」

*6. 心解脫「指心由一切束縛中解放；解脫之當體即為心，故稱心解脫；而以智慧解脫者，則稱慧解脫。」（《佛光大辭典》〈心解脫〉條）

*7. 見《中部．薩迦遮大經》：「阿義耶薩那！如是予攝粗食乳糜，得體力，離欲、離不善法，有尋、有伺，由離生喜樂成就初禪。阿義耶薩那！然而，予已生之樂受不著於心。予尋伺已息，於內清淨，心成一處，無尋、無伺，由定生喜樂，成就第二禪而住。阿義耶薩那！然而，如是予已生之樂受不著於心。予不染於喜，而住於捨，正念、正智，以身正受樂，聖者之所謂『捨、念、樂住』成就第三禪而住。阿義耶薩那！如是予已生之樂受不著於心。予捨樂、捨苦，先已滅喜憂，捨不苦不樂，念清淨成就第四禪而住。阿義耶薩那！如是予已生之樂受不著於心。」

*8. 見：《中部．愛盡大經》：「如是彼出家而應學比丘所具足之生活規定，捨殺生以離殺生。捨刀杖，有慚愧、有同情心。憐愍一切生類而住。」

*9. 見：《中部．愛盡大經》：「捨妄語，離妄語為真實語者，真實而可得信賴、得可依、不欺世間。捨兩舌，離兩舌，聞此而語彼，不破彼等之間，又由彼聞而語於此等，不破此等之間。如是或為離者之和解者，或為合者之援助者。好和順、樂和順、喜和順，以語致和順之語者。捨粗惡語、離粗惡語。如柔和而順耳，樂而入於心，優雅而多人喜、多人好，以語如是語者也。捨戲語、離戲語。應語時而語者、說事實者、說義利者、說法者、說律者也。語足以隨時保持之語，有理由、有辨別、語俱義利語者。」

*10. 見：《中部．愛盡大經》：「彼成就如是聖根防護，內受無穢之樂。彼以正智出入，以正智觀前觀後，以正智屈伸，以正智執持大衣及衣鉢，以正智執噉飲嚼味，以正智行大小便利，以正智行、住、坐、眠、寤及語默。」

*11. 見《中部．薩迦遮大經》：「是以阿夷吠薩那，我念：『以如是之極羸瘦身，逮得彼樂，是為甚難。然則我寧攝受粗食乳糜？』時我即攝受粗食乳糜。阿夷吠薩那！爾時五比丘曾向我言：『我等之沙門瞿曇若逮得法，當以得法說示我等。』阿夷吠薩那！緣我然攝食粗食乳糜，彼等五比丘即厭我云：『沙門瞿曇

為耽逸樂，棄捨精勤，而趣奢侈。』離我而去。」

*12. 見：《犍度．大品》：「諸比丘！苦聖諦者，如此：生苦、老苦、病苦、死苦、怨憎會苦、愛別離苦、求不得苦；略說之，五取蘊苦也。」

*13. 見：《自說經》：「此世間為熱苦性，為觸所累談己病，蓋此為此能思事，終而有與相異事。變化世間達生有，而為生有之所累，雖然世間諸有情，而惟喜彼之生有。人若喜時是怖畏，若有怖畏是為苦，惟欲捨離此生有，必當惟修此梵行。無論沙門婆羅門，如依生有語離脫，我云此等梵行者，皆由生有未脫離。無論沙門婆羅門，如依非有語出離，我云此等梵行者，皆由生有未出離。此苦皆由本質生，由取滅盡苦無生。廣見如此諸世間，生類所累由無明，一切世間諸有情，喜生不得解脫者。不論成為任何物，隨方隨處皆生有，此等生有無常苦，成為一切轉變法。如是依正智，如實見此者，生有渴愛滅，非有渴愛喜。諸渴愛之滅，滅貪為涅槃，入涅槃比丘，無取不再生，惡魔被戰敗，超越諸生有。」

*14. 見：《中部．愛盡大經》：「彼具足此聖戒聚，具足此聖根之防護，具足此聖

念正智、孤獨牀座為友，至閑林、樹下、山巖、石室、山峽、塚間、林叢、露天及積藁之處。彼食後，從行乞歸來，置身端正，布置面前之念、結跏趺坐。彼於世間捨貪欲、離貪欲，以心而住，從貪欲淨化心。」

*15. 見：《中部．愛盡大經》。作者沒有引述之前文為「彼捨世間貪欲故，以離貪欲心而住，淨化貪欲心。……」貪、瞋、睡眠、掉悔、疑合為五蓋，不知道為什麼作者要略去「貪欲」部分。

*16. 見：《中部．善生優陀夷大經》：「復次，優陀夷！依我……乃至……我諸弟子由其身，為有色，由意成，而具大小一切之肢，有殊妙之諸根化作他身。優陀夷！譬如有人，從們叉草抽拔其葦。彼謂：『此是們叉草，是葦也。們叉草與葦乃不同之物，然彼欲由們叉草拔葦。』優陀夷！又譬如有人，將劍由鞘拔出。彼謂：『此是劍，此是鞘，劍與鞘乃不同之物。然彼欲由鞘中拔劍而出。』優陀夷！復譬如有人，以蛇由蛇皮所蛻出。彼謂：『此是蛇，是蛇皮。蛇與蛇皮乃不同之物，然彼欲將蛇由蛇皮中蛻出。』如是，優陀夷！依我而對諸弟子說行道，如是實行，我諸弟子由其身為有色，由意成，具大小一切之肢，有殊

妙之諸根化作他身。於是，我眾多諸弟子達於通智圓滿究竟而住。」

*17. 見：《中部．有明大經》：「尊者！此無量心解脫、無所有心解脫、空心解脫及無相心解脫，此等諸法為義異、名異耶？或義同而名異耶？尊者！此無量心解脫、無所有心解脫、空心解脫及無相心解脫者，尊者！因有方便，依據方便，此等諸法為異義、異名。然而尊者！因有方便，依據方便，此等諸法為同義而異名也。尊者！因如何方便，依據如何方便，此等諸法為異義、異名？尊者！於此，比丘以俱慈心偏滿一方住，如是第二、第三、第四，如是四方上、下、橫、一切處，將對一切世界之〔有情〕廣大、廣博無量、無恚、無害、俱慈之心，偏滿而住。又以俱悲之心……以俱喜之心……以俱捨之心偏滿一方而住，如是第二、第三、第四，如是四方上、下、橫，一切處，將對一切有情視作自己，以廣大、廣博、無量、無恚、無害之捨俱心，偏滿而住。尊者！此稱為無量心解脫。」

*18. 見：《增支部》：「諸比丘！譬如大海漸漸趣向、漸漸傾向、漸漸臨入，而無有忽然嶮峻。如是，諸比丘！於此法與律，則漸漸有學、漸漸有所作、漸漸有

道，而無有忽然了知通達。諸比丘！於此法與律中，漸漸有學、漸漸有所作、漸漸有道，而無有忽然了知通達。諸比丘！此為此法與律，第一之希有、未曾有法，見此而諸比丘樂此法與律。」

*19. 見：《中阿含經・羅摩經》：「我復作是念：『此法不趣智，不趣覺，不趣涅槃，我今寧可捨此法，更求無病無上安隱涅槃，求無老、無死、無愁憂慼、無穢污無上安隱涅槃。』我即捨此法，便求無病無上安隱涅槃，求無老、無死、無愁憂慼、無穢污無上安隱涅槃已，往象頂山南，鬱鞞羅梵志村，名曰斯那。於彼中地至可愛樂，山林鬱茂，尼連禪河清流盈岸。我見彼已，便作是念：『此地至可愛樂，山林鬱茂，尼連禪河清流盈岸，若族姓子欲有學者，可於中學，我亦當學，我今寧可於此中學。』即便持草往詣覺樹，到已布下敷尼師檀，結跏趺坐，要不解坐，至得漏盡，我便不解坐，至得漏盡。我求無病無上安隱涅槃，便得無病無上安隱涅槃。求無老、無死、無愁憂慼、無穢污無上安隱涅槃，便得無老、無死、無愁憂慼、無穢污無上安隱涅槃。生知生見，定道品法，生已盡，梵行已立，所作已辦，不更受有，知如真。」另見：《中部・

聖求品》。

*20. 佛陀發下大誓願說：「我今若不證，無上大菩提，寧可碎是身，終不起此座。」

*21. 見《雜阿含經》：「我時作是念：『我得古仙人道，古仙人逕，古仙人道跡。古仙人從此跡去。我今隨去。』譬如有人遊於曠野，披荒覓路，忽遇故道古人行處，彼則隨行，漸漸前進，見故城邑，古王宮殿，園觀浴池，木清淨。彼作是念：『我今當往白王令知』。即往白王：『大王當知，我遊曠野，披荒求路，忽見故道古人行處，我即隨行，我隨行已，見故城邑。故王宮殿，園觀浴池，林流清淨，大王可往居止其中。』王即往彼，止住其中，豐樂安隱，人民熾盛。今我如是，得古仙人道，古仙人逕，古仙人跡。古仙人去處。我得隨去。」

*22. 《中阿含經》：「生知生見，定道品法，生已盡，梵行已立，所作已辦，不更受有，知如真。」

*23. 見：《經集》：「滅沒無有非有量，依此彼言有非有；彼無有此煩惱焰；一切諸法破壞時；一切語路亦破壞。」

*24.《本生經因緣總序》裡提到菩薩在大悟前有「惡魔來襲」、「九種風暴」、「魔軍退散」等神話情節。

*25. 見：《本生經因緣總序》：「爾時有刈草之男吉祥由對方而來，見大士之狀，已知其故，獻草八攫。菩薩受草，登上菩提道場，由南向北而立。瞬時南之大世界思將下沉至無間地獄，東之大世界上達至有頂天。菩薩自思：『此非應成上菩提之處。』乃右繞往西方向東方而立。於是西之大世界思將下沉至無間地獄，東之大世界上達至有頂天。每立之處，如据軸為臺足踏大車輪端時之狀，大地即向一方傾斜。菩薩自思：『此亦非應成上菩提之處。』乃右繞往北方向南方而立。於是北方之世界思將下沉至無間地獄，而南方之大世界上達至有頂天。菩薩自思：『此亦非應成上菩提之處。』乃右繞往東方向西方而立。東方乃一切諸佛盤足趺坐之處，此處無有震搖。大士知『此處不為一切諸佛所棄，又無震動之處，應可打破煩惱之牢籠。』菩薩取吉祥所獻之草，振抖其頭，立即成一十四肘之座。此座為繪工、陶工難以寫製之堅固。菩薩於菩提樹幹前，面向東方，以如金剛堅固之心：『假令我之皮膚筋骨、全身血肉乾枯，我如不

成正覺，誓不解此跏趺之坐！』彼坐於雷擊而不壞不動之金剛座上。」

*26. 一由旬約三十里或四十里。

*27. 見：《本生經因緣總序》：「大士唯一人獨坐，魔王語其眷屬曰：『汝等大眾！淨飯之子悉達，非比他人，吾等不能正面作戰，須由後方進攻！』大士環顧三方，見天人悉皆逃去，其處已空，見魔軍再由北方推進而來，『如是眾多魔軍，為予一人而奮戰努力，予之父母兄弟及親族無一人在此；但十波羅蜜為予長養之侍者，予將以波羅蜜為楯，振波羅蜜之刀，擊退魔軍！』於是靜坐回想十波羅蜜。」

*28. 見：《本生經因緣總序》：「大士：『汝施施物時之證人，為有心識之物；然我於此處無任何有心識之證人。我於他生所施之施物，暫置不論，我生為一切度時，曾行七百偏之大施，彼時之證人，乃此不具心識之厚載之大地。』大士由法衣中伸右手指向大地云：『予生為一切度行七百偏之大施時之證人，為汝耶抑非汝耶？』大地曰：『予為爾時汝之證人！』於是出百之音聲、千之音聲吶喊壓倒魔軍。如是大士向自身自語云：『悉達！汝為大施，最上之施！』當彼

回憶一切度之施時，高百五十由旬之奇梨爾迦羅象屈膝，魔王眷屬棄其頭飾與所著之衣服，紛紛向四面八方逃散。」另見：《雜寶藏經》。

*29. 《佛說過去現在因果經》：「爾時有五百商人，二人為主，一名跋陀羅斯那，二名跋陀羅梨，行過曠野。時有天神，而語之言：『有如來應供正遍知明行足善逝世間解無上士調御丈夫天人師佛世尊，出興於世，最上福田，汝今宜應最前設供。』」

*30. 見：《根本說一切有部毘奈耶破僧事》：「爾時世尊作是念已：『我得甚深之法，難見能見難知能知，不可思惟難可思惟，其義微妙，唯有智者能知此法。若為他說，彼不能解，我法虛授徒自疲勞，益我愁惱。』」

*31. 見：《佛說過去現在因果經．卷三》。

*32. 見：《犍度．大品》：「時，世尊因知梵天勸請，並哀愍有情，乃以佛眼觀察世間。世尊以佛眼觀察世間時，見有情有塵垢少者、塵垢多者、利根者、鈍根者、善行相者、惡行相者、易教導者、難教導者，有知他世與罪過之怖畏而住者。」。

*33. 見：《犍度・大品》：「一切勝者一切知，我不污染一切法；渴愛解脫離一切，自證知須法誰人。於我無有師，無有等我者；人天等世間，無與我比倫；此世間應供，我為無上師；我獨等正覺，而清涼寂靜；乃為轉法輪，赴迦尸都城；於盲闇世間，擊彼甘露鼓。」

第四章　佛法

但是佛陀的初轉法輪卻是澈底失敗。他在往鹿野苑的途中，遇到一個舊識，是耆那教的優波伽（Upaka）。既見如來相好莊嚴，諸根寂定，歎為奇特，於是以偈問他：「尊者，卿之諸根清淨，膚色皎潔。尊者，卿何所期而出家耶，卿師為誰，樂受誰法。」這是個完美的開場白。佛陀解釋說，他沒有師父，也不屬於任何僧伽。而他是世間唯一的，因為他已經成為阿羅漢（Arahant），已經成等正覺的「完人」。他不可置信地說：「尊者，尊者，直自稱為一切勝者耶？」是的，佛陀回答說。他已經征服所有貪愛，可以稱為尊者。優波伽一臉狐疑地看著他，搖搖頭說：「尊者，卿或實堪如是歟。」逕自從大道趨向旁道，拒絕了直接通往涅槃的路。[*1]

佛陀並未受挫，繼續前往波羅奈，那是婆羅門的重要城市和修行中心。但是佛陀並沒有在城裡逗留，他直接到仙人墮處（Isipatana）城郊的鹿野苑去，他知道過去的五個同伴住在那裡。他們認為以前的導師喬達摩棄捨苦行，貪圖享受，自我陷溺，因此在見到佛陀時，並不像以往對待偉大的苦行者那樣起立迎接。但是他們還是好人，奉行「不害」的戒律，不願意使他難堪。他們決定讓喬達摩隨意敷座，在長途旅行之後，稍作休息。[*2]但是當佛陀走近時，他們全部卸除武裝。或許是因為他們震懾於佛陀的莊嚴寂靜，各從座起，禮拜奉迎，或復有為持衣缽者，或有取水供盥洗者，或復有為澡洗腳者。他們熱情地招待他，以「朋友」直稱他。[*3]這並不令人意外。佛陀的慈悲經常會化解諸神、人類或動物的敵意。

佛陀直接切入重點。他說，他們不可以再稱他為朋友了，因為他過去的自我已經斷除，他有了完全不同的位階。[*4]他現在是「如來」（Tathāgata），很奇怪的稱號，其字面意義是「已經走了」。[*5]他已經斷除我執。他們不可以誤以為他放棄梵行。事實上正好相反。在他的言語裡，有著他們不曾見的信念和循循善誘。「汝等諦聽，我已得涅槃法味，汝等應受我教，聽於我法。」[3]如果他們聽聞他的教法，如是奉行，也能夠證得阿羅漢；他們可以追隨他的足跡，成等正覺，得生解脫。他們只需要耐心聽他說法。*6

於是佛陀為他們初轉法輪。這個故事記載在《轉法輪經》（Dhammacakkappavattana-Sutta）裡，他把佛法帶到人間來，開啟了人性的新世紀，他們現在知道如何正其性命。這個教法不是要告訴人們什麼深奧的形上學知識，而是要引領五比丘證得菩提。他們可以像他一樣成為阿羅漢，但是他們永遠追不上他們的老師，因為佛陀是自證涅槃的，沒有透過任何幫助。更重要的差別在於，他成為正遍知（Sammā Saṁbuddha），為諸有情宣說佛法。後來佛教的教義說，每三萬兩千年人間才會出現一個正遍知，到了那個末法時

1. *Vinaya: Mahāvagga*, 1:6.
2. Ibid.
3. Ibid.

代，佛法會完全從人間消失。喬達摩成為我們這個時代的佛陀，從鹿野苑開始他的傳道事業。

但是他要傳什麼法呢？佛陀並不喜歡什麼教義或信條；他不想宣說什麼神學，或是關於苦的起源的理論，沒有原罪的故事，也沒有關於究竟實在的定義。他覺得這些思辨都是無益戲論。對於那些把信仰等同於對某種宗教思想的信念的人而言，佛教很令他們困窘。佛陀完全不關心個人的神學。在他眼裡，因為權威而接受的學說是「不善」法，無法使人證得菩提。他不認為臣服於形式上的教條是什麼德性。「信仰」意味著相信存在有涅槃並且決定自己去證明它。佛陀總是堅持說，他的弟子必須自己去驗證他傳授他們的一切法，不要聽信傳聞。宗教觀念很容易就會變成心靈的偶像，而成為攀緣執著的對象，而這正是佛法要幫助人們放下的。

「放下」是佛法的基調。證道的人不會執持或攀緣任何權威的教義。一切都是剎那生滅，沒有恆常不變的東西。直到他的弟子們親知親證地認識到這點，才能夠證得涅槃。一旦他們證道，即使是他自己的教法，也要被拋棄。有一次，他把那些教法比喻為竹筏，講述一個必須渡過大橫流的旅行者的故事。沒有橋，沒有渡船，所以他編了椑筏，自己划到對岸。然後，佛陀問弟子們，旅行者該怎麼處置那椑筏？是不是因為它曾經幫助過他，所以他就得揹著椑筏到處跑？或者就把竹筏拴繫在岸邊，繼續他的旅程？[*7]答案很明顯。「諸比丘，彼人為如是故，是於彼筏，作所應作。諸比丘，我亦如是，為令度脫，令毋執著故，說筏喻法。諸比丘，由是汝等，實知筏喻故，法尚應捨，何況非法。」[4] [*8]他的法完全是實用主義式的。其任務不是要提出顛撲不破的定義，或是滿足弟子們關於形上學問題的好奇心。教法的唯一目的是要使人渡過煩惱橫流，而「達諸彼岸」。他的工作就是幫助弟子解脫煩惱，得到涅槃寂靜。除此目標，任何事物都不重要。

　　因此，佛教裡沒有關於宇宙創造或是最高存有者之存在的問題。這些問題或許很有趣，但是無法幫助弟子證得菩提，解脫煩惱。有一次，佛陀住在憍賞

4. *Majjhima Nikāya*, 22.

彌的申恕林（simsāpa），他在地上拾起幾片樹葉，然後問他的弟子，是他手上的幾片樹葉多，還是這個樹林的樹葉多？「諸比丘！以何之故，我不說耶？諸比丘！此不相應於義利，非達初梵行，不能資於厭患、離貪、滅盡、寂止、證智、等覺、涅槃。是故我不說。」[5] *9 他對一個老是以哲學問題煩他的比丘說，他像是受到箭傷的人，直到他弄清楚是誰傷他的，來自哪個村莊，他才肯接受治療：在他得到這些無用的知識前，老早就死掉了。同樣的，如果人們拒絕根據佛法去生活，直到他們知道世界創造的問題，或是絕對者的本質，在他們得到這些無解問題的答案之前，他們早就含恨而終了。世界是永恆的或是在時間裡受造，這有什麼差別呢？悲傷、煩惱和不幸仍然存在。佛陀關心的只是煩惱的斷除。佛陀對這個好作哲學思考的比丘說：「我的法是要救度當下的煩惱，所以記得什麼是我沒有對你解釋的，以及為什麼我沒有解釋它。」[6] *10

但是當佛陀在鹿野苑面對五比丘時，他總得開個頭。他如何消除他們的疑慮呢？他必須以某種合乎邏輯的方式解釋四聖諦。我們不知道那天他對五比丘說了些什麼。巴利文聖典敘述的初轉法輪，不可能是當時佛陀說法的逐字記錄。經典結集時，作者們根據敘述簡略的經文穿插故事。[7] 但是無論如何，初轉法輪的敘述是很中肯的。佛陀總是注意配合聽聞者的需要去說法。五比丘對於喬達摩的捨棄苦行心存疑慮，於是在這部經裡，佛陀一開頭便解釋中道背後的理論，以解其惑。他說，「出家」追求梵行的人，應該避免過度的感官快樂，也不應該極端的禁欲。兩者都對人們沒有幫助，因為這都無法使人達到涅槃。相反的，他發現八正道，在這兩個極端中間的道路，他說這可以使比丘們證道。*11

接著，佛陀為他們概述四聖諦：苦、集、滅、道。然而他所說的並不是形上學的理論，而是修行的次第。「法」這個字不僅意指著「是什麼」，更有「應該是什麼」的意思。佛法是診斷生命的問題，並且開出對治的藥方，而必須確實遵守。在他的說法當中，四聖諦各有三個元素。*12 首先，他讓比丘直接

---

5. *Saṁyutta Nikāya*, 53:31.
6. *Majjhima Nikāya*, 63.
7. *Vinaya: Mahāvagga*, 1:6; *Saṁyutta Nikāya*, 56:11.

見諦。其次，他解釋應該怎麼做：此是苦，「汝應知」；此是集，「汝應斷」；此是滅，「汝應證」；此是道，「汝應修」。最後，佛陀示現他自己已經證得什麼：此是苦，「我已知」；此是集，「我已斷」；此是滅，「我已證」；此是道，「我已修」。他以自己為證，說明佛法確實有用，他據以實修，已證得菩提：「我已知苦，已斷集，已證滅，已修道故，得阿耨多羅三藐三菩提。」[8]他如是威嚴地宣示。他的確解脫輪迴，他知道中道乃是正道，他的生命和人格可以為證。[*13]

五比丘中的憍陳如聽聞佛陀說法後，「以現法」體會他的教法。[9]法從他心中「現起」，彷彿從他的存有深處，早就認識這個法。[10][*14]經典總是如此描述弟子皈依佛法的過程。他們不只是在觀念上接受某個教條而已。佛陀在鹿野苑真的舉行了皈依儀式。他就像個助產婆一樣，幫助證道的人重獲新生，或者用他的譬喻，如刀出鞘，如蛇蛻皮。諸神齊聚鹿野苑，聽聞佛陀初轉法輪，憍陳如看到他們高聲歌頌：「如來今日於婆羅奈國鹿野苑中仙人住處，轉大法輪。」諸神的歌頌響澈諸天界，直達大梵天。大地震動，放大光明，勝過諸天人。[*15]「憍陳如知已，憍陳如解已。」佛陀歡喜地說。於是憍陳如證得「預流果」（sotāpanna）。[11]他還沒有完全證道，但是已經再無懷疑，對其他的法再也沒有興趣，潛心住於佛陀的教法，相信那會帶領他入於涅槃。他請求佛陀讓他加入僧伽。佛陀回答說：「善來，比丘，我已圓滿宣說法，梵行永斷諸結煩惱。」[12][*16]

但是關於佛陀的初轉法輪，有另一個版本的巴利文經典，它比較詳細，內

---

8. Ibid.
9. 根據後來經釋的佛教傳說，憍陳如是個婆羅門，曾經去驗證小孩子時候的喬達摩，預言他會成佛。因為他的皈依經驗，又稱為阿若憍陳如（Aññata Kondañña），知者憍陳如。
10. *Vinaya: Mahāvagga*, 1:6.
11. Ibid.
12. Ibid.。據說這五比丘從預流果（只剩下七世輪迴）直接證入阿羅漢，也就完全解脫輪迴的覺者。經典說，在預流果和阿羅漢之間還有兩個果位，分別是「一來」（sakadāgāmi）（只剩下一次受生）和「不還」（anāgāmi）（只生天界）。

容也有所不同。佛陀對其中兩名比丘說法，而其他三名比丘出去乞食供養六人生活。*17其中暗示佛陀傳授他特別的瑜伽給這兩個近事的弟子，要他們修習「念住」和「四無量心」。[13]當然，禪定是證道不可或缺的。除非修行者也能夠深入自身，並且以佛陀的瑜伽微觀其身心，否則是無法「以現法」實現或理解佛法的。憍陳如不可能只憑聽聞佛法就證得「預流果」而「親證」佛法。比丘們必須在極其深微的經驗裡才能夠觀察苦諦和集諦；而他所宣說的八正道裡，也包含了禪定訓練。*18對五比丘的開示當然不只是那一個早晨而已；即使他們都是優秀的瑜祇，也都熟悉「不害」的倫理，但還是需要時間去體驗佛法。無論如何，巴利文經典告訴我們，在憍陳如心裡「現起」佛法後，跋波（Vappa）、跋陀羅闍（Bhaddiya）、摩訶那摩（Mahānāma）、阿捨婆闍（Assaji），也都證得「預流果」。[14]

法的論理闡述是用來補足禪定的修行，使修行者能夠「明白」佛法。透過瑜伽，比丘們可以分辨出教法裡想要表達的真理。佛教觀想裡最常見的主題就是緣起法（Paṭicca-samuppāda），佛陀可能是在晚年用來補充苦諦，雖然巴利文聖典說他在證道後立即諦觀緣起法。[15]有情生死流轉的緣起法，是十二個有為法的因緣和合，說明我們生命的流轉生滅，證明每個人在任何瞬間都會變易：

「行從無明而來，識從行而來，名色從識而來，六入從名色而來，觸從六入而來，受從觸而來，愛從受而來，取從愛而來，有從取而來，生從有而來，老死憂悲苦惱絕望從生而來。」[16][*19]

緣起法成為佛教教義的核心，卻很不容易理解。佛陀曾經呵斥一個比丘，

---

13. *Majjhima Nikāya*, 26; Tillman Vetter, *The Ideas and Meditative Practices of Early Buddhism*, London, New York, Copenhagen and Cologne, 1986, xxix.
14. *Vinaya: Mahāvagga*, 1:6.
15. *Saṁyutta Nikāya*, 12:65; *Dīgha Nikāya*, 14; *Vinaya: Mahāvagga*, 1:1; *Udāna*, 1:1-3.
16. *Vinaya: Mahāvagga*, 1:1.

因為他認為緣起法很簡單，這或許可以讓那些被緣起法搞得一頭霧水的人稍感寬慰。我們應該視之為某種譬喻，用來解釋一個人如何輪迴的，如果如佛陀所說的，並沒有一個「我」在流轉生死的話，那麼是誰在輪迴？而是否有個法則聯繫著輪迴和苦？

緣起法裡的名相非常隱晦。例如說，「名色」在巴利文裡是「人」的意思，而「識」（viññāna）並不是指人的整體思想和感覺，而是某種極微的實體，瀕死的人最後的念頭或衝動，依存於他的生命裡所有的業果。「識」成為新的「名色」的種子，在其母親的子宮裡。這個胚胎的性格依存於前世瀕死之「識」的狀態。當胎兒感受到這個「識」，新的生死輪迴便即誕生。胚胎發展出「六入」（六種感官），出生之後與外在世界接觸（「觸」）。因為感官的接觸而有感受（「受」），而產生欲望（「愛」），這是苦的最大原因。由於欲望而有執著（「取」），會障礙我們的解脫和菩提，而使我們註定要墮入新的存在（「有」），如使而有「生」和「老死憂悲苦惱絕望」。[17]

緣起法以無明為起點，因而成為苦的究竟因，雖然不是力量最大的。恆河流域大部分的沙門認為欲望才是苦的第一因，而《奧義書》和數論則認為，對於實在界本質的無知才是解脫的主要障礙。而佛陀則整合了這兩種原因。[18]他相信人之所以存在，是感受到前世造作之業果，他們不知道四聖諦的道理，因而無法斷除集和苦。沒有正見的人很可能犯下嚴重的修行過失。例如說，瑜祇可能執持某種最高的禪定境界就是涅槃，而不願意再接再厲追求究竟解脫。在巴利文聖典關於緣起法的許多版本裡，第二支不是「業」，而是「行」（sankhāra）。但是這兩個字都是衍生自同一個動詞字根「kr」（做）。「行」這

17. Michael Carrithers, *The Buddha*, Oxford and New York, 1983, 68-70; Hermann Oldenberg, *The Buddha: His Life, His Doctrine, His Order* (trans. William Hoey), London, 1882, 224-52; Karl Jaspers, *The Great Philosophers: The Foundations* (trans. Ralph Meinheim), London, 1962, 39-40; Vetter, *Ideas and Meditative Practices*, 240-42.
18. Richard F. Gombrich, *Theravāda Buddhism: A Social History from Ancient Benares to Modern Columbo*, London and New York, 1988, 62-63; Oldenberg, *The Buddha*, 240-42; Carrithers, *The Buddha*, 66.

個譯法有些笨拙：「已形成或預備的狀態或事物」。[19]我們的業為未來的存在準備了「識」；他們形構且限制了這個存在。佛陀認為意圖也是心理的業，因此緣起法指出，驅動外在行為的情緒，對於未來會有其影響；在世時貪婪而迷妄的選擇，會影響到瀕死的識的狀態，而招感我們下一個生命。那麼，這麼最後瀕死的「識」、這個進入新的「名色」的識，是永恆持久的實體嗎？同一個人會不斷地再生嗎？可以說是，也可以說不是。佛陀並不相信「識」是瑜祇們追求的那種恆常永久的自我，而是視之為最後搖曳閃爍的能量，就像從一根燭芯跳到另一根燭芯的火燄。[20]火燄不會是恆常的；夜裡燃燒的火，不會是到清晨還在燃燒的火。

在緣起法裡並沒有固定不變的實體。每個環節都依存於另一個環節，並且直接過渡到另一種事物。這是關於「變易」的最完美的說法，佛陀認為這是人類生命無法逃脫的事實。我們總是試著要有所不同，渴望新的存有模式，的確無法長久維持在某個狀態裡。每個「行」都會招感下一個「行」，每個事態都只是另一個事態的前奏。因此，生命裡沒有什麼是恆常不變的。人應該被視為歷程，而不是不變的實體。當比丘以瑜伽觀想緣起法，念住於每個念頭和感覺的現起和消褪，他便「親證」到這個真理，也就是說，沒有任何事物可以作為依怙，一切都是無常，這會驅策他加緊努力解脫這個因緣和合的無盡鎖鏈。[21]

對於日常生活之遷流不息時時刻刻的自我覺知和觀照，可以達到制感的狀態。每天的禪定都持續念住的訓練，可以使比丘覺照人性的本質，比任何理性推論都要深刻直接。這也使人更能自制。佛陀對於梵志們的神遊物外相當不以為然。他要求比丘們必須隨時保持尋伺，不可以有情緒的流露。但是念住也可以使比丘更清楚自己的行為是否合乎道德。他注意到自己的「不善」行為如何傷害他人，即使是起心動念，都可能有危害。因此佛陀說，我們的意圖也是業，會有業果。[22]驅使行為的意圖，無論是意識或潛意識的，都是心理的行

19. Vetter, *Ideas and Meditative Practices*, 50-52; Oldenberg, *The Buddha*, 243-47.
20. Vetter, *Ideas and Meditative Practices*, 49-50
21. Oldenberg, *The Buddha*, 248-51; Carrithers, *The Buddha*, 57-58.
22. *Aṅguttara Nikāya*, 6:63.

為，和外在行為一樣重要。把業重新定義為「思」（cetanā）是個革命性的創舉；他使整個道德問題更加深刻，它現在位於意識和心靈，而不再只是外在的行為。

但是繫念（sati）使佛陀得到更澈底的結論。五比丘證得預流果的三天之後，佛陀在鹿野苑第二次說法，闡述他獨特的無我（anattā）學說。[23]他把人性分解為五「蘊」（khandha）：色、受、想、行、識，並要比丘們逐一思考這五蘊。例如說，「色」或「受」在每個剎那都在變動。他們為我們招致痛苦，使我們感到失望和挫折。因此五蘊使人受苦，是有漏且短暫的，不可能構成或包含那許多苦行者和瑜祇所追求的「神我」。佛陀問弟子說，在思考過五蘊之後，誠實的人對五蘊心生厭離，會不會覺得無法認同它們呢？他必定會說：「此非我，非我所，此非本我自身。」[24]但是佛陀不只是否認永恆絕對的神我的存在而已。他更主張說沒有固定不變的、凡俗的自我。「我」及「我所」只是方便施設而已。人並沒有固定或不變的核心。正如緣起法所證明的，每個有情都是遷流不息的，人們只是短暫變易的存在狀態的剎那相續。[*20]

佛陀終身都在闡述這個學說。十七世紀的法國哲學家笛卡兒（René Descartes）說「我思故我在」，而佛陀卻得到相反的結論。在他自創的念住瑜伽裡，他思考得越多，便越清楚，我們所謂的「自我」，其實是個幻相。在他眼裡，我們越是仔細觀察自己，越難以找到任何不變的實體。人不是靜態的存有，等待事件的臨到。在瑜伽分析的顯微鏡下，每個人都是個歷程。佛陀喜歡引用火燄或瀑流的譬喻來描述人；人自然有個同一性，但是每個剎那都不一樣。火燄在每個瞬間都不相同，它會熄滅且自己又重生，就像人們一樣。佛陀在一個生動的譬喻裡，把人的心比喻為在林間擺盪的猴子。「猶如獼猴遊林樹間，須臾處處，攀捉枝條，放一取一。」[25]*21我們所經驗到的「自我」其實是個方便施設的名詞，因為我們隨時都在變化。同樣的，牛奶會依序變成凝乳、奶油、乳酪、以及醍醐。在這些轉變過程中，說它們是「牛奶」是沒有意義

---

23. *Vinaya: Mahāvagga*, 1:6; *Saṁyutta Nikāya*, 22:59.
24. Ibid.
25. *Saṁyutta Nikāya*, 12:61.

的，雖然那並沒有錯。26

十八世紀的蘇格蘭經驗主義者休姆（David Hume）也有類似的結論，但是其中有個重要的差別：他並不期望他的見解對於讀者有什麼道德行為上的影響。但是在軸心時期的印度，知識必須是可以潛移默化，才是有意義的。佛法是對於行為的要求，而這個無我的學說並不是抽象的哲學命題，而是要佛教徒以無我的態度如是奉行。這個倫理的影響是相當深遠的。「自我」的觀念不僅會產生「我及我所」的不善思維，也會刺激我們自私的貪愛；我執可以說是萬惡之淵藪：過度執取有我會產生對於敵人的妒嫉和憎恨、欺騙、自大狂、驕傲、殘忍，而當自我感受到威脅時，則會有暴力和毀壞他人的傾向。西方國家的人們經常把佛陀的無我學說視為虛無主義的、自暴自棄的想法，但是在軸心時期興起的所有偉大宗教，都在尋求如何抑遏貪婪而恐懼的自我，這個自我造成了太多的傷害。然而佛陀的學說卻更究竟。他的無我教法並不是要消滅自我。他只是否認曾經有自我這個東西存在。認為自我是恆常的實在，那是錯的。而這個錯誤的觀念正是無明的症候，使我們繫縛於苦的輪迴。

就像佛教的所有教法，無我並不是個哲學學說，而主要是實用主義式的。當弟子透過瑜伽和念住「親證」無我，他便可以解脫我執的煩惱和危害，雖然那在邏輯上是不可能的。在軸心時期的國家裡，我們看到人們突然覺得寂寞且迷失在世界裡，被逐出伊甸園以及那賦予生活意義和價值的神聖向度。他們的煩惱大多來自新市場經濟的個人主義世界裡的不安全感。佛陀試著要比丘們看到他們並沒有一個需要防衛、膨脹、阿諛奉承、踩在別人頭上的「自我」。比丘在修習念住時，會看到我們所謂的「自我」有多麼變動不居。他再也無法在這些心理狀態裡投射他的自我，說這些狀態就是我。他會學著把他的欲望、恐懼和貪著視為遙遠的現象，和他沒有什麼關係。佛陀在第二次說法結束時告訴比丘們說，當他離欲清淨、如如平等時，他會發現自己已經可以證道了。「既厭離已，一切不樂，既心不樂，而得解脫，」他會達到他的目標，當他得到解脫時，便可以像佛陀一樣的宣示：「我生已盡，梵行已立，所作已辦，不受後

26. *Dīgha Nikāya*, 9.

有。」[27]

的確，五比丘在聽聞佛陀解釋過無我的教法以後，即得解脫，證得阿羅漢果。經典告訴我們他們是如何的法喜充滿。[28]這聽起來有些奇怪：聽到我們所珍視的自我並不存在，為什麼會如此高興？佛陀知道無我的學說使人畏懼。第一次聽到這個教法的凡夫或許會驚慌失措，心想：「我要消失了，我要毀滅了，我不再存在了！」[29]但是巴利文經典卻告訴我們，他們以無比的自在喜悅接受這個無我的教法，當他們像五比丘一樣「證明」那是真理時。當人們體會到無有我可得時，他們發現自己更加快樂。就像用來對治自我中心的「四無量心」修法一樣，他們體會到存有更加的開闊。我執是個限制；當我們僅從自私的觀點去看待事物時，我們的視野就受到限制。對於自身之狀態和存活的尖銳焦慮，會產生貪婪、憎恨和恐懼，而超越這些心態，便是解脫。如果我們把無我的學說視為抽象的觀念，可能會覺得霧裡看花，但是當我們實際去體會時，卻會改變我們的生命。當人們如實體會無我時，他們會發現自己克服了我執，而感覺輕安快樂。以瑜伽的「親證」去理解無我，他們會發現自己跨越到更豐盈滿全的存在裡。因此，無我應該是要告訴我們關於人類處境的某個真理，雖然我們無法從經驗去證明自我不存在。

佛陀相信無我的生活可以引領人們入於涅槃。一神教者會說是引領他們到神那裡去。但是佛陀覺得位格神的觀念太侷限了，因為這暗示著最高的真理只是另一個存有者罷了。涅槃既不是個人，也不是像天堂那樣的地方。佛陀總是否認有絕對原理或最高存有的存在，因為那可能又是個執著的對象，另一個障道因緣。就像神我論一樣，神的觀念可能被用來支撐且膨脹自我。在猶太教、基督教和伊斯蘭裡，敏銳的一神論者都會察覺到這個危險，他們談論神的方式使我們想到佛陀在談到涅槃時的沉默。他們也堅持說，神不是另一個存有，我們對於「存在」的觀念太過狹隘，因此說神不存在，說「祂」是空無，反而貼切得多。但是在民間，「神」經常被化約為以「祂的」信徒的形象創造出來的

27. *Vinaya: Mahāvagga*, 1:6.
28. Ibid.
29. *Majjhima Nikāya*, 1.

偶像。如果我們把神想像為我們自我的放大，有著和我們一樣的愛憎，那麼就很容易要「祂」為我們最冷酷的、自私的、甚至最凶殘的願望、恐懼和偏見去背書。這個有限的神於是成了歷史上最可怕的宗教暴行的幫凶。如果我們信仰那個認可我們的自我的神，佛陀會說那是「不善法」：那只會使信眾耽溺於危險而有害的我執，而這個我執原本是人們必須超越的東西。我們必須拋棄所有這些虛妄不實的藉口，才能夠證道。早期佛教徒體會涅槃的主要方式，似乎是透過瑜伽的「親證」無我。的確，軸心時期的信仰或多或少都相信，只有完全的厭離自我，才能夠實現自我。想到宗教裡去「攫取」什麼東西，像是死後的舒適生命之類的，那會錯失了宗教的本懷。在鹿野苑證道的五比丘，則是深刻地領略到這個道理。

現在，他們得把佛法傳給其他人。正如佛陀所自證的，理解苦諦就是同理他人的煩惱；無我的教法意味著：證道的人不能只是為自己而活，更要救度他人。現在有了六個阿羅漢，但是要度脫輾轉於煩惱中的世界，人數還是太少了。然後，似乎就在突然間，佛陀的小型教團湧進了許多新成員。首先是耶舍（Yasa），波羅奈國富商之子。就像佛陀一樣，他小時候也徵歌逐色，環肥燕瘦。但是有一天夜半醒來，看到歌妓們橫臥枕蓆間，形貌醜陋，使他感覺很厭惡。其他的經典，如《本生經因緣總序》，則敘述和年輕的喬達摩類似的故事，證明了這個故事是某種原型。那是公式化的描述，說明恆河地區的人們體會到的疏離。巴利文經典告訴我們，耶舍心生厭離，沮喪地高喊：「苦哉怪哉。」世界突然變得俗不可耐、沒有意義。耶舍立即決定「大出離」，去尋找更美好的事物。他趿著黃金做的拖鞋，離家出走，跑到鹿野苑去，口中兀自喃喃自語：「苦哉怪哉。」然後他遇到佛陀，佛陀正起個大早，在黎明裡經行。佛陀以證道者的神通力認出耶舍來，要他坐下來，微笑說：「汝便可來，我此今有離苦之法。」[30][*22]

佛陀的威儀整頓、容止可觀、諸根寂靜、心意正定，使耶舍感到安心。他不再覺得厭惡恐怖，反而歡喜且充滿希望。他的喜樂平安正是覓得菩提的心

---

30. *Vinaya: Mahāvagga*, 1:7.

境。他脫掉鞋子，坐在佛陀身邊，佛陀循序漸進地教授他中道，從斷除貪愛的重要性開始講起，描述梵行的利益。但是他看到耶舍根器銳利，於是繼續教他四聖諦。耶舍聽了以後：「即於諸法，遠塵離垢，得法眼淨，」於是真理立即浸潤他的靈魂，經上說，就像染料浸染白布那麼容易。[31]耶舍的心「浸染」了佛法後，兩者就再也不分開。這是「親證」的知識，因為耶舍在如此深邃的層次上認識法，以致於兩者合而為一。法改變了他，「浸染」了他的整個存有。這是人們初聞佛法的共同經驗，特別是佛陀親自教授的。他們覺得佛法完全契合他們的渴望，如此自然且若合符節，而在某個意義下，彷佛他們天生就知道這個教法似的。我們在巴利文經典裡不曾看到痛苦或戲劇性的皈依場景，像保羅在大馬士革（Damascus）路上的歸信那樣。這種突兀的經驗，在佛陀眼裡，都是「不善法」。人們必須順應他們的本性，就像他在閻浮樹下的體驗。

就在耶舍證得預流果時，佛陀注意到有個長者找上門來，知道那是耶舍的父親；他以神通使耶舍消失，耶舍的父親感到很沮喪；全家人在找尋耶舍，但是他跟隨金鞋的鞋印到佛陀住處。佛陀還是要商人坐下，暗示他很快就會見到耶舍，並且像教授他兒子一樣地傳法給商人。商人非常感動，對耶舍說：「善哉善哉，汝為此事真實快也，既能自度，又能度他，汝今在此故，令我來得見道跡。」於是他成為第一個在佛前受三自歸依的人：自歸依佛，自歸依法，自歸依僧。[32]他也是最早的優婆塞，也就是在家修行佛法的人。*23

隱身的耶舍聽聞佛陀說法後，也完全證道，入於涅槃。這時候佛陀讓他們父子見面，商人要耶舍為了母親回家一趟。然而佛陀溫和地解釋說，耶舍已經成為阿羅漢，沒有辦法再過著世俗的生活。他不再受到貪愛和欲望的折磨，無法履行世俗傳宗接代和養家活口的責任；他必須到空閒寂靜處習禪，這在家居生活裡是不可能的。總之，他不能回去了。耶舍的父親瞭解，但是他請求佛陀那天到他們家吃晚飯，而讓耶舍陪侍。席間佛陀也傳法給耶舍的母親和他的前妻，而她們就成為最早的優婆夷。

---

31. Ibid.
32. Ibid., 1:8。事實上，學者相信，在佛陀生時，弟子只有皈依佛陀而已，在佛陀入滅後才有三皈依。

但是消息很快就傳開來。耶舍的四個朋友，來自波羅奈國的富商家庭，聽到耶舍披上袈裟，都非常感動，前來向佛陀求法。*24 另外還有五十多個親友，分別來自鄰國的婆羅門和剎帝利家庭。這些祭司和貴族種姓的子弟很快地都證道，經典告訴我們，在這麼短的時間裡，世界上多了六十一位阿羅漢，包括佛陀自己。

教團這時候有了相當的規模，但是新的阿羅漢可沒有時間享受解脫之樂。他們的使命不是自私地厭離世界；他們也要回到市集裡，幫助其他人解脫煩惱。佛陀對他的六十個比丘說：

「該是遊行的時候了，為了人們的利益和幸福，為了天人的利益和幸福、安樂，一條路千萬不要兩個人走。去演說佛法，觀想梵行。眾人之間也有少染污者，如果不能聽到法，將要墮落。聽聽就可領悟了。」33 *25

佛教不是上層社會特權階級的教法，它是「眾生」（bahujana）的宗教。

雖然實際上，佛教大部分是對上層階級和知識分子說法，但是原則上是所有人都可以契入的，而不排斥任何種姓的人們。這是歷史上第一個不以特定階級為對象，而以所有人為對象的宗教。其中沒有秘傳的真理，像是《奧義書》的聖哲所傳的。他們走到人間，到村落、新興城市和通商衢道上。每當人們聽聞佛法，便加入僧伽，這個教團成為恆河地區不可小覷的力量。教團的新成員被稱為「皈依釋尊的弟子」，但是他們只稱自己為「比丘僧伽」。[34]加入教團的人們覺得自己「喚醒」了沉睡已久的人性部分，一個新的社會和宗教世界於焉誕生。

33. *Vinaya: Mahāvagga*, 1:11.
34. Sukumar Dutt, *Buddhist Monks and Monasteries of India*, London, 1962, 33.

譯注

*1. 見：《中部，聖求經》。《佛說過去現在因果經》說法略有出入：「路逢外道，名優波伽，既見如來相好莊嚴，諸根寂定，歎為奇特，即說偈言：『世間諸眾生，皆為三毒縛；諸根又輕躁，馳蕩於外境；而今見仁者，諸根極寂靜；必到解脫地，決定無有疑；仁者所學師，其姓字何等？』爾時世尊以偈答曰：『我今已超出，一切眾生表；微妙深遠法，我今已具知；三毒五欲境，永斷無餘習；如蓮花在水，不染濁水泥；自悟八正道，無師無等侶；以清淨智慧，降伏大力魔；今得成正覺，堪為天人師；身口意滿足，故號為牟尼；欲趣波羅奈，轉甘露法輪；是天人魔梵，所可不能轉。』爾時優波伽，聞此偈言，心生歡喜，歎未曾有，合掌恭敬，圍繞而去，迴顧瞻矚，不見乃止。」

*2. 見：《佛本行集經轉妙法輪品》：「爾時五仙。遙見世尊漸至其邊。見已各各共相謂言。我等要誓。諸長老等。此之來者。是彼沙門瞿曇釋種。向我邊來。此懈怠人。喪失禪定。以懈怠故。全身纏縛。而我等輩。不須敬彼。不須禮

彼。不須迎彼。不須與彼安置坐處。雖然但且隨其意樂。」另見：《犍度》：「五比丘從遠方見世尊來，見而相約言：『從彼處來者是沙門瞿曇，彼奢侈而棄精進，墮於奢侈。勿禮彼，勿起迎，勿取彼衣鉢，但為設座，彼若欲時得就坐。』」

*3. 見：《根本說一切有部毘奈耶破僧事卷六》：「如來漸漸近五人所。時彼五人，不勝如來威德尊重，從座而起。一人為如來安座，一人為如來取水，一人為如來安置洗足器，二人迎接為受三衣：『善來喬答摩，可坐此座。』」

*4. 見：《本生經．因緣總序》：「於是佛向彼等日：『汝等比丘！不可向如來呼名呼友！汝等比丘！我已為如來等正覺者。』」另見：《中部．聖求經》。

*5. 見：《長阿含卷十二．清淨經》：「如來於彼過去事，若在目前，無不知見；於未來世，生於道智。過去世事虛妄不實，不足喜樂，無所利益，佛則不記；或過去事有實，無可喜樂，無所利益，佛亦不記；若過去事有實、可樂，而無利益，佛亦不記；若過去事有實、可樂，有所利益，如來盡知然後記之；未來、現在，亦復如是。如來於過去、未來、現在，應時語、實語、義語、利

語、法語、律語，無有虛也。佛於初夜成最正覺，及末後夜，於其中間有所言說，盡皆如實，故名如來。復次，如來所說如事，事如所說，故名如來。以何等義，名等正覺？佛所知見、所滅、所覺，佛盡覺知，故名等正覺。」

*6. 見：《中部．聖求經》：「諸比丘，當淨汝耳，我今欲說所得不死法，汝等若如所教，如法奉行於不久間，當能成就離世俗為出家行者善男子之所望，逮達無上梵行，於現法中，當得自知、自達而住。」

*7. 見：《中阿含．阿梨吒經經》：「云何我為汝等長夜說筏喻法，欲令棄捨，不欲令受？猶如山水甚深極廣，長流駛疾，多有所漂，其中無舡，亦無橋梁。或有人來，而於彼岸有事欲度，彼求度時，而作是念：『今此山水甚深極廣，長流駛疾，多有所漂，其中無舡亦無橋梁而可度者，我於彼岸有事欲度，當以何方便，令我安隱至彼岸耶？』復作是念：『我今寧可於此岸邊收聚草木，縛作椑栰，乘之而度。』彼便岸邊收聚草木，縛作椑栰，乘之而度，安隱至彼。便作是念：『今我此栰多有所益，乘此栰已，令我安隱，從彼岸來，度至此岸，我今寧可以著右肩或頭戴去。』彼便以栰著右肩上或頭戴去。於意云何？彼作

如是竟，能為栰有所益耶？」

*8. 見：同前揭。「世尊告曰：『如是。我為汝等長夜說栰喻法，欲令棄捨，不欲令受。若汝等知我長夜說栰喻法者，當以捨是法，況非法耶？』」另見：《金剛般若波羅蜜經》。

*9. 見：《相應部》。另見：《雜阿含經》：「爾時，世尊與諸大眾到申恕林，坐樹下。爾時，世尊手把樹葉，告諸比丘：『此手中葉為多耶？大林樹葉為多？』比丘白佛：『世尊！手中樹葉甚少，彼大林中樹葉無量，百千億萬倍，乃至算數譬類不可為比。』『如是，諸比丘！佛陀說的法如手中樹葉般稀有，能幫助人向於涅槃我成等正覺，自所見法，為人定說者，如手中樹葉。所以者何？彼法義饒益、法饒益、梵行饒益、明、慧、正覺、向於涅槃。如大林樹葉，如我成等正覺，自知正法，所不說者，亦復如是。所以者何？彼法非義饒益，非法饒益，非梵行饒益、明、慧、正覺、正向涅槃故。是故，諸比丘！於四聖諦未無間等者，當勤方便，起增上欲，學無間等。』」

*10. 見：《中部・摩羅迦小經》。另見：《中阿含・箭喻經》：「以何等故，我不一

向說此？此非義相應，非法相應，非梵行本，不趣智、不趣覺、不趣涅槃，是故我不一向說此。」

*11. 見：《相應部．轉法輪品》：「諸比丘！出家者不可親近於二邊。以何為二邊耶？一於諸欲以愛欲貪著為事者，乃下劣、卑賤、凡夫之所行、非聖賢，乃無義相應。二以自之煩苦為事者，為苦，非聖賢，乃無義相應。諸比丘！如來捨此二邊，以中道現等覺。此為資於眼生、智生、寂靜、證智、等覺、涅槃。」

*12. 即三轉四諦法輪：「示轉」、「勸轉」、「證轉」。

*13. 見：《雜阿含經》：「諸比丘！我於此四聖諦三轉十二行不生眼、智、明、覺者，我終不得於諸天、魔、梵、沙門、婆羅門聞法眾中，為解脫、為出、為離，亦不自證得阿耨多羅三藐三菩提。我已於四聖諦三轉十二行生眼、智、明、覺，故於諸天、魔、梵、沙門、婆羅門聞法眾中，得出、得脫，自證得成阿耨多羅三藐三菩提。」

*14. 見：《過去現在因果經》：「當佛三轉四諦十二行法輪時，阿若憍陳如，於諸法中，遠塵離垢，得法眼淨。」

*15. 見：《佛說過去現在因果經》：「爾時地神，見於如來，在其境界，而轉法輪，心大歡喜，高聲唱言：『如來於此，轉妙法輪。』虛空天神，既聞此言，又生踊躍，展轉唱聲，乃至阿迦膩吒天。諸天聞已，欣悅無量，高聲唱言：『如來今日於婆羅奈國鹿野苑中仙人住處，轉大法輪，一切世間，天人魔梵，沙門婆羅門，所不能轉。』爾時大地，十八相動，天龍八部，於虛空中，作眾伎樂天鼓自鳴，燒眾名香，散諸妙花，寶幢幡蓋，歌唄讚歎，世界之中，自然大明。」

*16. 見：《犍度．大品》：「時，具壽阿若憍陳如已見法、得法、知法、悟入于法、超越疑惑、棄除猶豫、得無畏，以行師教不依他緣，白世尊曰：『我唯願于世尊前，出家得具足戒。』世尊曰：『來！比丘！所善說者法，為正滅苦盡，故行梵行。』此，彼具壽具足戒也。」

*17. 見：《中部．聖求經》：「諸比丘，以是教授二比丘時，以三比丘行乞所得，為我等六人生活。諸比丘，又教授三比丘時，以二比丘行乞所得，為我等六人生活。」

*18. 佛陀教授比丘們四禪四空處定。見：同前揭。「諸比丘，猶如野鹿縱步山林，安心而行，安心而立，安心而坐，安心而臥。緣如是者，不至獵師之處故也。諸比丘，比丘亦復如是，離欲離不善法，有尋有伺，成就離生喜樂，而住初禪。……復有比丘，尋伺已息，於內寧靜，心成一向，無尋無伺，成就定生喜樂，住第二禪。……復有比丘，不染著喜，而住於捨，正念正智，身正受樂，成就聖者，所謂『捨、念、樂住』，住第三禪。……復有比丘，捨樂捨苦，已滅喜憂故，不苦不樂，成就捨念清淨，住第四禪。……復有比丘，出過一切色想滅有對想，以無種種作意想故，成就『虛空無邊』，住虛空無邊處。……復有比丘，出過一切虛空無邊處，成就『識無邊』，住識無邊處。如是乃至出過一切識無邊處，成就『所有都無』，住無所有處。如是乃至出過一切無所有，成就非想非非想而住。如是乃至出過非想非非想成就想受滅而住，即依彼智見，知漏滅盡。」

*19. 見：《犍度．大品》：「時，世尊是夜初分，於緣起順逆作意。謂：無明緣行，行緣識，識緣名色，名色緣六處，六處緣觸，觸緣受，受緣愛，愛緣取，

取緣有，有緣生，生緣老、死、愁、憂悲、苦、惱。如是集起一切苦蘊。又無明滅盡，則行滅，行滅則識滅，識滅則名色滅，名色滅則六處滅，六處滅則觸滅，觸滅則受滅，受滅則愛滅，愛滅則取滅，取滅則有滅，有滅則生滅，生滅則老、死、愁、憂悲、苦、惱滅。如是滅盡一切苦蘊。」

*20. 見：《犍度．大品》。另見：《根本說一切有部毘奈耶破僧事卷六》：「是故當知，諸所有色，若過去若未來若現在，若內若外若麤若細若勝若劣若近若遠，如是諸色非我，非我所有，非屬於我，我不在色，由如實遍知，應如是見，乃至受想行識亦如是見。汝等聲聞弟子，具足多聞觀五取蘊，離我我所，如是觀已，知諸世間實無可取，無可取故不生怖畏，無怖畏故內證圓寂，我生已盡，梵行已立，所作已辦，不受後有。」

*21. 見：《相應部》：「諸比丘！譬如彌猴徘徊森林中縱放一枝，又另捉一枝。諸比丘！同此，稱此是心、意、識者，亦日夜轉變，異生、異滅。」

*22. 見：《犍度．大品》：「爾時，世尊早晨起而於露處經行。世尊見族姓子耶舍從遠處來。見即自經行處降，敷座而坐。時族姓子耶舍趨近世尊嘆曰：『厄

哉！禍哉！』時，世尊告族姓子耶舍曰：『耶舍！此處無厄，此處無禍。耶舍！來！坐！我為汝說法。』……世尊為之次第說示，謂：施論、戒論、生天論、諸欲過患、邪害、雜染、出離功德。知族姓子耶舍生堪任心、柔軟心、離障心、歡喜心、明淨心，世尊乃為開闡諸佛本真說法，苦、集、滅、道。譬如清淨無有緇斑原布領受正色，如此族姓子耶舍，亦於其座，生遠塵離垢法眼，凡有集法者，皆有此滅法。」

*23. 見：《佛說過去現在因果經》：「於是如來，即隨其根而為說法：『善男子，色受想行識，無常苦空無我，汝知之不？』時耶舍父聞說此言，即於諸法，遠塵離垢，得法眼淨，而答佛言：『世尊，色受想行識，實是無常苦空無我。』……爾時世尊，攝其神力。其父即便得見耶舍，心大歡喜，語耶舍言：『善哉善哉，汝為此事真實快也，既能自度，又能度他。汝今在此故，令我來得見道跡。』即於佛前，受三自歸。於是閻浮提中，唯此長者，為優婆塞，最初獲得供養三寶。」

*24. 即離垢（Vimala）、善臂（Subahu）、滿勝（Punyajit）和牛主（Gavampati）。

*25. 見：《犍度．大品》：「時，世尊告諸比丘曰：『諸比丘！我解脫天、人一切羅網。諸比丘！汝等亦解脫天、人一切羅網。諸比丘！去遊行！此乃為眾生利益、眾生安樂、哀愍世間、人天之義利、利益、安樂，切勿二人同行。諸比丘！教說初善、中善、後善，且具足義理、文句之法，顯示皆悉圓滿清淨梵行。有情有少塵垢者，若不聞法者退墮，聞法者即得悟也。諸比丘！我將至優樓頻螺軍村說法。』」

第五章　傳道

佛教藝術通常會把佛陀描繪成獨自靜居晏默，深入禪定，但是事實上，在他開始傳法以後，他生命大部分的時間，都是在蜩螗沸羹的人群裡。他在遊行時，通常會有數百個比丘隨侍，他們習慣大聲聊天，有時候佛陀還得請他們安靜些。在家眾經常會在路上加入比丘的行列，以馬車和推車載運糧食。佛陀住在鄉鎮城市裡，而不是僻靜的森林隱居地。但是即使他後來的四十五年都在眾目睽睽下渡過，經典對這個重要的階段卻總是三言兩語就交代過去，使得為佛陀撰寫傳記的人無從查證。這和耶穌正好相反。關於耶穌早年的生活，《福音書》幾乎隻字未提，而只從他的傳教生涯開始他的故事。然而，佛教的經典只約略記錄佛陀傳道的前五年生活，接著佛陀就不見蹤跡，此後二十五年，他的生活完全沒有記載。

佛陀應該會同意這樣的沉默。他最不希望的事就是個人崇拜，他始終堅持重要的是教法而不是他。我們看到他經常說：「見我者即見法，見法者即見我。」[*11]再者，在他證道後，已經寂然不動，諸法不生。他沒有「自我」，完全斷除我執，人們稱他為「如來」，也就是「已經走了」的人。即使巴利文經典曾經細說他傳道最初幾年的事蹟，但是他們感興趣的並不是歷史事件，而是這些故事的象徵意義。佛陀已經成為靈性生命的原型，是法和涅槃的化身。他是新人類：不再受困於貪愛和瞋恨的羅網，他學會了調伏自己的心，行住坐臥裡沒有任何我執。他還是生活在世界裡，不過是在神聖的向度，一神教者會說那是神的臨在。經典在敘述佛陀早年傳道的生活時，不曾談過他的想法和感覺，而是以他的行動去說明早期的佛教和北印度的城市、商業、政治、宗教世界的關係。

經典告訴我們，佛陀在四月底或五月初證得涅槃，卻沒有提到這個重要的事件是在哪一年發生的。一般認為是在西元前五二八年，雖然有些學者認為要晚到四五〇年。[2]如果我們採用巴利文經典比較早的繫年，佛教可能是在九月派六十位比丘出去傳道的，也就是在雨季之後。就像其他僧伽一樣，佛陀的新教團是個鬆散且隨意來去的組織。比丘隨地而眠：「於林間、樹下、巖下、深谷、洞穴、塚間、樹叢、荒野、草堆。」[3][*2]他們每天都會靜坐，對需要佛法的人們傳道，尤其是新興城市的居民，他們對於時代的萎靡不振特別感受強烈。他們的傳道非常成功：不只有在家信徒的皈依，教團也增加了許多新血輪。佛陀聽許六十位比丘各自收徒，並且成為沙門。[4][*3]

佛陀獨自回到優婁頻羅村，途中於棉樹林間教導三十個紈褲子弟，他們在找尋一個妓女，因為她把他們的錢都扒走了。[*4]佛陀問他們：「是尋找逃走的

---

1. *Saṁyutta Nikāya*, 22:87.
2. Andrew Skilton, *A Concise History of Buddhism*, Birmingham, U.K., 1994, 19.
3. *Vinaya: Cullavagga*, 6:4.
4. *Vinaya: Mahāvagga,* 1:12; Sukumar Dutt, *Buddhist Monks and Monasteries of India*, London, 1962, 22.

女人要緊，還是找尋自己要緊？」[5]這個事件是個生動的比喻，說明人們盲目地追求逸樂，最後只會感到沮喪而空乏。這些年輕人聽聞佛陀說法之後，都得到預流果，並且加入僧伽。佛陀到了優婁頻羅村之後，更度化了上千個婆羅門，他們一起依止佛陀出家。他們原來住優婁頻羅村和伽耶城附近的森林裡以及尼連禪河畔，其領袖是迦葉（Kassapa）族三兄弟。這個故事或許應該解讀為一個寓言，描述佛陀早期和古老的吠陀傳統的抗衡。[6]這些婆羅門出家修行，並且蓄長髮，以作為厭離社會一成不變的生活方式的記號，但是他們謹慎奉行古老的禮儀，事奉三聖火。*5

佛陀在優婁頻羅村渡過冬天，並且行了許多令人驚奇的神變。他降服一條毒龍，那是很流行的神的象徵，婆羅門通常會把它安置在火堂裡。佛陀招待夜裡到他住所的諸神，整個森林都閃爍著人間不曾有的熠熠光輝。他以神力劈開柴薪，以為火供，飛到天界去，帶回天上的花，並且對優婁頻羅聚落的迦葉長老顯現他心通，知道他在想些什麼。巴利文經典和後來的傳記都記載了佛陀所行的神變和神蹟，乍看之下似乎很驚人。*6一般認為瑜伽修行讓瑜祇獲得悉地成就，以嫻熟的意識支配物質，但是瑜祇們都被告誡不得任意使用，因為那很容易使修行者墮落為巫師。[7]佛陀自己也批評炫耀神通，禁止弟子在大眾面前行神通。但是撰述巴利文經典的比丘們還是相信這種大威德神變是可能的，他們可能拿這些故事作為辯論之用。在傳道的時候，撰述這些經典的上座部比丘們覺得講述佛陀的神蹟很管用。還有，在和婆羅門以及吠陀宗教的祭司們辯論時，講到佛陀如何降服古老的神（如火室裡的毒龍）也很有幫助；即使佛陀是個剎帝利族，卻比婆羅門更神通廣大。後來的經典告訴我們，佛陀挑戰整個種姓制度，「決定一個人是婆羅門或賤民的，不只是他的出身，而是我們的業。」[8] [*7]宗教的地位是依據道德行為，而不是偶然的世襲。就像其他軸心時

5. *Vinaya: Mahāvagga*, 1:13.
6. Ibid., 1:14-20.
7. Mircea Eliade, *Yoga, Immortality and Freedom* (trans. Willard R. Trask), London, 1958, 85-90.
8. *Sutta-Nipāta*, 136; *Udāna*, 1:4.

期的聖哲，佛陀總是主張信仰必須注入倫理，如果沒有倫理，儀式就沒有作用。

最後使迦葉信服的，不是佛陀的神變，而是他的道德感召。經典或許正是暗示著，炫耀神通可能會招致反效果：使用神通是無法說服懷疑論者的。在每次神蹟之後，迦葉只是對自己說：「年少沙門，乃有如是自在神力，然故不如我得真阿羅漢也。」最後，佛陀終於使他嚇得拋棄他的驕傲和自以為是。他說：「迦葉汝非阿羅漢，亦復非是阿羅漢向，汝今何故起大我慢。」如此猖獗的我執和梵行完全不相容。這個批評直接擊中要害。迦葉是個有名的苦行者，他很清楚這種傲慢的危險。他拜倒在地，請求隨佛出家。他的兩個兄弟和數以千計的弟子也都跟隨大迦葉皈依佛陀。他們都成為佛陀弟子，剃去鬚髮，拋棄火供的法器，也都證得「預流果」。[9]然後他們齊聚在菩提伽耶城，聽聞佛陀第三次說法。

佛陀開始說：「比丘當知，萬物都在燃燒。」[*8]感官、他們在外在世界所感覺的事物、身體、心靈和情緒，都在熾烈地燃燒。這些何以會燃燒呢？是因為貪欲、瞋恨和愚痴的火燄。[10]只要人們繼續為這猛火添加燃料，它們就會不斷燃燒，無法得到涅槃清涼。五蘊被比喻為火束。「取」（upādāna）這個字也有雙關意義，其字根意為「柴火」。[11]我們執持世間事物的欲望，使我們受到煩惱的煎熬，而障礙我們的菩提道。貪婪和渴愛總是和瞋恨在一起，造成世界上這麼多的惡行和暴力。只要第三把無明之火繼續燃燒，人們就無法領悟四聖諦，這個真理卻是解脫「生老死憂悲苦惱絕望」[12]的燃火輪迴不可或缺的。因此，比丘必須熄滅貪愛。念住的技術會教導他如何捨離五蘊，澆熄火燄。然後他就會體驗到涅槃的解脫自在。

燃火說法是對於吠陀體系的精彩批評。吠陀的神聖象徵「火」，在佛陀看

---

9. *Vinaya: Mahāvagga*, 1:20.
10. Ibid., 1:21; *Saṁyutta Nikāya*, 35:28.
11. Richard F. Gombrich, *Theravāda Buddhism: A Social History from Ancient Benares to Modern Columbo*, London and New York, 1988, 65-69.
12. *Vinaya: Mahāvagga*, 1:21.

來，卻是生命之一切謬誤的形象：火代表爐灶和家庭，那是所有認真的求道者必須「出離」的；火也是個意味深遠的符號，是人類意識裡浮躁不安的、毀滅性的、卻又瞬息萬變的力量。貪、瞋、痴三火是對於吠陀三聖火的諷刺性對比：婆羅門事奉聖火，自詡為祭司特權階級，而增長了自己的我執。這次說法也表現出佛陀對於聽眾的巧譬善喻，其感染力之大，喚醒他們的宗教意識，使他們都入於涅槃，證得阿羅漢果。

在十二月底，佛陀率領這千名比丘前往王舍城，也就是摩揭陀國的首都。他們的到達引起一陣騷動。城市裡的人們都很渴望新的宗教思想，頻婆娑羅王聽到有個自稱為佛陀（覺者）的人露宿城郊的杖林，馬上帶著大批的婆羅門家主去拜訪他。他們都很驚訝以前優婁頻羅村的族長迦葉居然成為佛陀的弟子，當迦葉對他們解釋為什麼放棄事奉聖火時，他們都非常感動。當他們聽過佛陀說法之後，所有的家主（巴利文經典說有十二萬人）都成為優婆塞，最後連頻婆娑羅王也都禮敬佛足，請求成為在家居士。頻婆娑羅王小時候就很想聽聞佛陀說法。現在他的願望實現了。那個晚上他邀請佛陀吃晚飯，從此和佛陀成為很好的朋友。[*9]

席間國王送給僧伽一份禮物，對於佛教教團的發展有很大的影響。他捐了王舍城外的一處精舍（ārāma），名為竹園（Veluvana），作為比丘教團棲止之處。比丘們可以在離城市不遠處有個空閑安靜之處，人們也可以去向他們請益。這個竹園，「莫令去城過近過遠，出家之人，使得安止，如法行道。」[13] 佛陀接受這個禮物，那是個完美的解決之道。比丘們的「安止」是心理上的，而不是完全與世隔絕。教團是為眾生而設，而不是為了比丘個人的成聖。比丘是需要某個程度的閑靜，以便於禪修，才能夠培養證得涅槃所需要的離欲清淨，但是如果他們要如佛法所說的慈悲度眾生，那麼他們就得接近在家眾，教導他們平撫其煩惱。竹園的捐贈開了個先例，積財具德的長者們經常會捐贈類似的城郊空地給僧團，成為遊行比丘們聚會的地方。

佛陀在竹園待了兩個月，在這期間，有兩個重要的弟子加入僧伽。舍利弗

13. Ibid., 1:22.

（Sāriputta）和目犍連（Moggallāna），他們都是出身自王舍城外的村落的婆羅門家庭。他們在同一天出家，投入懷疑論者刪闍耶（Sañjaya）的教團。但是他們都無法得到究竟正覺，他們有個約定，誰先得到涅槃便要馬上告訴對方。[*10]佛陀造訪王舍城期間，這兩個朋友剛好住在那裡，有一天，舍利弗看到阿說示比丘[*11]在乞食。他看到比丘諸根調寂，威儀整肅，非常震撼，心想他必定是得道高僧，於是以傳統的禮儀向他請安，問他說：「尊者汝師何人，復說何法？」阿說示說他只是個初學梵行者，只能就其所知，略為說法，但是這就足夠了。[*12]舍利弗聞法後立即證得預流果，便趕緊去找目犍連告訴他的經歷。他的朋友聽了以後，也證得預流果，他們不惜得罪刪闍耶，率領二百五十個弟子一起去竹園精舍，請佛陀讓他們加入僧伽。[*13]佛陀遠遠看到舍利弗和目犍連，直覺他們根器銳利。「汝等當知，今此二人，」佛陀對比丘們說：「當於我法中，為上弟子。」[14]事實也證明如此。佛滅二百到三百年後產生了兩個重要教派，就是受到這兩個朋友的啟發。[15]重視苦修隱居的上座部佛教把舍利弗奉為佛教裡的第二人。他的個性喜好分析，擅長以容易記誦的方式宣說佛法。但是他的信仰對於大眾部的大乘教派而言太過枯燥無味。大乘佛教以目犍連為其精神領袖，他以神通聞名，有神足通和他心通。佛陀讚許舍利弗和目犍連，這證明這兩個教派都被認為是如法的，而比起天主教和基督新教，他們的確也更能和平共處。

然而，不是每個人都對佛陀心悅誠服。佛陀在竹園精舍時，王舍城的許多居民都擔心僧伽的快速成長。先是蓄髮的婆羅門，現在又是懷疑論者刪闍耶的弟子，接下來會是誰呢？佛陀帶走年輕人，使得母恐失其子，妻恐失其夫。他們的家庭就要分崩離析！但是消息傳到佛陀那裡，他告訴比丘們不要擔心，這些懷疑的聲音七天之後就會煙消雲散。[16][*14]

巴利文經典說，大約在這期間，佛陀到迦毘羅衛城去看他父親，但是並未詳述細節。不過後來的經典和經釋倒是以這個故事為梗概穿鑿附會，使得後聖

14. Ibid., 1:23.
15. Edward Conze, *Buddhism: Its Essence and Development*, Oxford, 1957, 91-92.
16. *Vinaya: Mahāvagga*, 1:24.

典時期的故事也成為佛陀傳說的一部分。[17] 故事告訴我們，淨飯王知道他的兒子，也就是現在著名的佛陀，在王舍城說法，於是派遣使者和隨從到王舍城去迎接佛陀回迦毘羅衛城。但是這群隨從聽聞佛陀說法之後，也都成了阿羅漢，忘了淨飯王要他們來的目的。淨飯王一共派了九次使者。佛陀終於得到訊息，於是帶著兩萬個弟子浩浩蕩蕩地返回家鄉。釋迦族人讓比丘們住在迦毘羅衛城外的尼拘律園（Nigrodha），這裡便成為僧伽在釋迦族的據點，但是以貢高我慢聞名的釋迦族人，還是拒絕禮敬佛陀。佛陀只好以他們能夠理解的方式，行了許多驚人的神通。他在天上飛行，四肢噴出水火，最後還踏著珠寶鋪成的道路升天。也許他就像以前習慣的，用釋迦族可以理解的方式對他們說話，迎合他們的心態。他的父親淨飯王以前要他作個轉輪聖王，而這個傳奇的角色據說也可以昂首闊步地升天。在優婁頻羅村裡，佛陀對婆羅門證明他可以戰勝他們的神；現在他對釋迦族人證明他不是任何轉輪聖王可以比擬的。而這個奇觀果然收效，儘管只是在表面上。釋迦族目瞪口呆，默然不語地拜倒在佛陀前面。

但是一如往常，神通並不能得到永久的結果。第二天，淨飯王聽到他兒子在迦毘羅衛城乞食的醜聞：他怎麼可以如此玷污家族的名譽呢？但是佛陀要父親坐下來聽他說法，淨飯王立即諸根柔軟，得預流果，雖然他沒有要求加入僧伽。他把佛陀的缽接了過來，帶他回家，就在準備筵席的時候，家裡所有的女人都成為優婆夷，只有一個人例外。佛陀的前妻一直很冷淡，也許是還在埋怨她的丈夫，沒有說聲再見就拋棄了她。

巴利文經典記載說，在佛陀訪問迦毘羅衛城以後，釋迦族裡的一些年輕王子隨佛出家，加入僧伽，其中包括佛陀的七歲兒子羅睺羅*15，他必須等到二十歲才能成為比丘，另外還有佛陀的三個親戚：阿難（Ānanda），是佛陀的堂弟；難陀（Nanda），佛陀同父異母的弟弟；以及提婆達多（Devadatta），也是他的堂弟。除了這些王子以外，還有個宮廷的理髮匠優婆離（Upāli），王子

17. *Jātaka*, 1:87; *Commentary on the Anguttara Nikāya*, 1:302; Edward J. Thomas, *The Life Buddha in Legend and History*, London, 1969, 97-102; Bhikkhu Ñānamoli (trans. and ed.), *The Life of The Buddha, According to the Pāli Canon*, Kandy, Sri Lanka, 1972, 75-77.

們帶著他出家，負責為比丘們剃髮，但是在剃髮前要先請求他的同意，以斷除釋迦族人的驕傲。[18]*16 這些釋迦族王子裡，有些成為教團裡的重要人物。優婆離以持戒第一，而溫和謹慎的阿難則在其後二十年間隨侍佛陀。因為阿難比任何人都接近佛陀，幾乎隨時隨地都陪著他，因此以多聞著稱，對於佛陀的說法和傳說如數家珍，但是他並不是個境界很高的瑜祇。雖然他通曉一切法，但是因為禪定功夫不夠，因此在佛陀生前並沒有證得涅槃。至於提婆達多，經典把他描述成近似福音故事裡的猶大（Judas）。

既然提到福音書以及其中關於基督門徒的生動描繪，西方國家的讀者或許會對於這些早期的佛教徒更加好奇。這些數以千計的僧伽到底是什麼樣的人？是什麼原因使他們受到佛陀的感召？巴利文經典對此並沒有太多說明。傳說指出，最早皈依佛陀的人是來自婆羅門和剎帝利種姓，雖然佛陀是對「大眾」說法，而且也歡迎任何人加入。商人也被教團吸引；就像比丘一樣，他們也是發展中的社會裡的「新人類」，需要一個信仰以反映他們不屬於任何階級的處境。但是經典裡並沒有詳細描述個人皈依的故事，像是福音書裡拋掉漁網的漁夫或是離開稅關的稅吏。阿難和提婆達多在僧眾當中顯得很突出，但是相較於耶穌的門徒，對於他們的描繪仍然是很象徵性而且公式化的。即使是舍利弗和目犍連，他們的個性也不是很鮮明。經典沒有描述佛陀和他的兒子之間的關係：羅睺羅在巴利文傳說裡只是一個比丘而已。佛陀教他習禪，就像教授其他比丘一樣，我們看不到任何父子關係的敘述。我們所看到的，只是諸多的形象，而不是有個性的人物，而對於喜愛個人的西方人而言，我們或許會不很滿意。

然而這會誤解了佛教經驗的本質。許多早期的比丘正是透過觀察無我的教法而證道的。這使他們能夠超越自我；的確，佛陀否認有恆常不變的存在。他會認為，執持有個神聖且不增不減的自我核心，那是「不善」的幻相，會障礙菩提。而因為無我的宗教思想，使得巴利文經典裡的佛陀呈現為一個類型，而不像是一個個體。他在和其他類型爭辯：懷疑論者、婆羅門和耆那教徒。他的

---

18. Thomas, *Life of Buddha*, 1021-3.

解脫正是由於斷除西方人稱讚他們的英雄們的那些特質和性格。他的弟子也是如此。佛陀和他的弟子沒有多大的差別，他們都被描述為未來的佛。他們像佛陀一樣，也都不具人格，個體性消失了。經典不去挖掘他們內心的秘密，因而保留其匿名性。他們也不會顯露其證道前的迷人特質。提婆達多和阿難在比丘當中特別突出，這或許不是偶然的事。提婆達多心中充滿了我執，而溫和的阿難則是沒能證道，因此比其他弟子，如舍利弗，更能被察覺到個人特質。在佛陀入滅前幾天，我們更加瞭解阿難的心，但是他卻無法領略佛陀的視野。對於西方人而言，我們或許會譴責這種個性的泯滅，比丘們則會回答說，如果可以得到涅槃寂靜，放棄自我是值得的，而這對於仍然囚禁在我執裡的人而言，或許是不可能的事。

但是佛陀及其弟子揚棄人類的個性，並不意味著他們冷酷無情。他們不只柔軟且慈悲，而且善巧方便，他們也親近那些覺得需要放棄我執的「大眾」。

佛陀像他弟子一樣，也到處遊化，盡可能地到各地去說法，但是在雨季時，由於旅行不便，他會待在王舍城外的竹園精舍。即使這個地方現在屬於僧伽，但是比丘還是沒有房子住，而是露天而居。然而有個富商造訪竹園，他非常感動，希望另外為比丘們建造六間茅舍，而佛陀也同意了。於是商人邀請佛陀和他的比丘吃飯。請這麼多人吃飯不是一件小事，齋宴的那個早上，他家一團混亂，僕人忙著準備湯、米、醬汁和甜食。商人忙裡忙外，幾乎沒有時間招呼他的連襟給孤獨長者（Anāthapiṇḍika），他是舍衛國的商人，到王舍城來做生意。「這是怎麼回事？」給孤獨長者不知所措地問道。他去看他的連襟時，通常會得到盛情款待的。是要舉行婚禮嗎？或是要宴請頻婆娑羅王？「都不是，」商人回答說，佛陀和他的弟子要來吃晚飯。

給孤獨長者無法相信他的耳朵聽到的。「你是說『佛陀』嗎？」他不可置信地問道：真的有證道的佛陀住世？他可不可以也去看看他？「現在不是時候，」他急躁地說，又轉身催促僕人。「你明天一大早可以去找他談談。」給孤獨長者興奮得睡不著覺，黎明即赴竹園。他出了城門，覺得渾身毛骨悚然，就像軸心時期的所有城市居民一樣。他覺得孤立無助，「明相即滅，輒還闇冥，給孤獨長者心即恐怖，身毛為豎。」他心驚膽戰地摸黑前進，直到他看到佛陀在晨曦中經行。佛陀看到給孤獨長者，叫他坐下，問他名字。就像之前的耶舍一樣，給孤獨長者立即覺得如沐春風，他聽聞佛陀說法時，覺得教法彷彿從他自心中現起，似乎早就銘刻在他最深層的靈魂上。「世尊！」他大喊，請求佛陀接受他為優婆塞。第二天，他在他連襟家招待佛陀，邀請他到舍衛城，拘薩羅國的首都。[19][*17]

舍衛城可能是西元前六世紀的恆河谷地最繁榮的城市，在里瓦底河（Rivati）南岸，兩條貿易道路的交會處，大約有七萬多戶人家，是個商業中心，有許多像給孤獨長者這樣的富商。舍衛城的名字源自「sārvamatthī」，意為「無物不有」。四周有城牆和四、五十英呎高的塔樓，主要通衢從南方進城，通到城中心的廣場。[20]然而儘管舍衛城如此繁榮，給孤獨長者熱切地想要見到真正的覺者，證明許多人對於他們的生命感到惱人的空虛。這正是僧伽之住處。

給孤獨長者為了建造佛陀的精舍而所費不貲。他到處尋覓適合的地方，最後選定一塊園林，剛好是祇陀王子（Jeta）所有，祇陀王子是拘薩羅國的太子。王子不願意賣這塊地，他要給孤獨長者以黃金鋪滿園子，才肯賣給他。給孤獨長者真的照做了，只剩下門口的一小塊地還沒鋪。後來，祇陀王子知道這不是平常的買賣，而是一件功德，便捐出土地建造精舍。於是給孤獨長者便以祇陀王子的園林建造僧伽的精舍。「給孤獨居士於祇陀林令建精舍、造房、作門樓、作勤行堂、作火堂、作倉庫、作廁所、作經行處、作經行堂、作井、作井堂、作暖房、作暖房堂、作小池、作庭堂。」[21]這便成為僧伽最重要的聚會處。*18

但是對於「出家」的人而言，如此大陣仗未免太過奢侈鋪張了。在很短的時間裡，佛陀得到三座精舍，分別在王舍城、迦毘羅衛城和舍衛城，讓比丘們棲止和禪修，周遭有蓮池、青蔥的菴羅樹（芒果樹）以及沙羅樹（棕櫚樹）遮蔭的棚舍。在須達長者之後，很快就有其他施主見賢思齊。有三個閻牟那河

20. 19. *Vinaya: Cullavagga*, 6:4; *Saṁyutta Nikāya*, 10:8.

Trevor Ling, *The Buddha: Buddhism Civilization in India and Ceylon*, London, 1973, 46-47.

21. *Vinaya: Cullavagga*, 6:4; *Saṁyutta Nikāya*, 10:8.

（Jumna）邊的憍賞彌商人聽說佛陀在舍衛城說法，便來詣佛所，請佛陀到他們的城市去。他們都為僧伽準備了園林。他們不只自掏腰包建造棚舍，而且像其他施主一樣，自己維護屋舍。頻婆娑羅王派了許多僕人到竹園精舍，園林裡到處都有人侍候。但是比丘們並沒有過著奢華的生活。園子雖然很寬敞，但是陳設非常簡樸，茅屋裡環堵蕭然，非常適合中道的梵行者。每個比丘有自己的寮房，但是經常只是分隔的小房間，只有一張床板，和盤腿而坐的椅子。[22]

比丘們並不是整年住在園林裡，他們大部分的時間都到四處遊行。剛開始的時候，大部分的人甚至在雨季時也在路上，但是他們認為這會引起反感。其他的教派，像是耆那教，便不在雨季遊行，因為這會傷害太多野外的生命，違反「不害」的教義。人們質疑，為什麼釋迦牟尼的弟子在雨季時還到處旅行呢，「踐踏生草奪諸蟲命」？他們說，即使是兀鷹在雨季也待在樹巔。為什麼只有佛陀的比丘必須在泥濘的路上跋涉，而不留意其他生命呢？[23]

佛陀對這類的批評非常敏感，當他聽到這些抱怨時，便制戒要所有僧伽安居（vassa）[*19]。但是他比其他遊行者更進一步，創設了僧院生活。其他僧侶在安居時或者是獨自生活，或者隨遇而安，在森林蘭若處與奉行不同法的苦行者共處。佛陀囑咐比丘們在安居時要待在一起，而不要雜處於其他教派之間；他們可以待在園林或是比丘們每年自己搭建的房舍（āvāsa）。每個園林和房舍都有固定的界限；在三個月的雨季裡，比丘們不可以外出超過七日，除了有很好的理由。[*20]漸漸地，比丘們發展出教團的生活。他們設定簡單的儀軌，在他們的屋舍大廳裡舉行。

早上他們會靜坐，聽聞佛陀或其他長老說法。然後他們持缽到城裡乞得當日之食。下午他們會小睡片刻，晚上繼續靜坐。

但是比丘總得學習和諧相處。如果和興趣不合的人無法共處，那麼禪定得到的平等心就有問題。如果比丘無法隨順他人，又如何把慈悲心散發到四方世界？有時候佛陀必須呵責他的比丘。有一次他責備他們沒有好好照顧患痢疾的

22. Dutt, *Buddhist Monks*, 58.
23. *Vinaya: Mahāvagga*, 3:1.

比丘。[24][*21]又有一次，當佛陀和隨侍他的比丘到舍衛城去，比丘們到當地的精舍，爭先搶住房間。可憐的舍利弗咳嗽得很厲害，卻只能在外頭的樹下過夜。佛陀告訴犯錯的比丘們說，這樣的無禮會破壞僧伽的傳道，因為這會使人瞧不起佛法。[25]漸漸地，大部分的比丘都能捐棄自私的習氣，尊重他們的夥伴。先乞食回來的比丘會為其他人搭設茅棚，排好座位，準備燒開水的器具。最晚回來的人則吃剩菜，掃除食處。[*22]「世尊，」有個比丘和佛陀談到教團時說：「我們是不同的個體，但是只有一條心。」他有什麼理由不拋棄自己的愛憎，隨順他人的願望呢？這位比丘覺得在這樣的和合眾裡修梵行是很幸運的事。[26][*23]在安居的教團生活裡，佛陀找到另一種教導比丘們共同生活的方法。

拘薩羅國的波斯匿王（Pasenedi）對於佛教精舍裡的安詳無諍覺得很感動。他對佛陀說，這和宮廷裡正好相反，他每天在王宮裡看到的是自私、貪婪和相互傾軋。國王和國王爭吵，婆羅門和婆羅門爭吵，家庭裡和朋友間時常交惡。但是在園林裡，他看到比丘們「無諍共處，如水與乳，彼此慈視。」在其他教派裡，他注意到苦行者形容枯槁羸弱，他於是認為這些人必不樂行梵行。

「我見世尊弟子諸比丘眾樂行端正，面色悅澤，形體淨潔，無為無求，護他妻食如鹿，自盡形壽修行梵行。」[*24]他在朝政會議時，往往有人擠眉弄眼，詰問奚落。但是當佛陀對僧眾說話時，沒有人咳嗽或清喉嚨。[27]佛陀創造了另一種生活方式，和新興城市國家的缺點形成的強烈的對比。

有些學者相信，佛陀把波斯匿王和頻婆娑羅王當作政治和社會改革計劃中的夥伴。他們認為僧伽是用來對抗當時猖獗的個人主義，在社會從部落群體的民風過渡到競爭而殘酷的市場經濟時，這種個人主義似乎是不可避免的。僧伽是另一種社會組織的藍圖，這個觀念也漸漸深入民眾心裡。學者們指出，在經典裡，佛陀經常和轉輪聖王相提並論：佛陀是人類意識的改革者，而國王則是

---

24. Ibid., 8:27.
25. *Vinaya: Cullavagga*, 6:5-9.
26. *Majjhima Nikāya*, 128; *Vinaya: Mahāvagga*, 10:4.
27. *Majjhima Nikāya*, 89.

推動社會改革。[28]然而，最近的學者卻主張說，佛陀不但沒有為君主專制背書或和他們合作，他似乎非常反對王權，而偏好他們釋迦族仍然保有的共和政府型態。[29][*25]

佛陀似乎不太可能有這種政治野心；他確實也認為社會改造是無益的俗世「計執」。但是佛陀當然也試圖打造出人類新的道路。比丘們明顯的少欲知足證明他的實驗是成功的。比丘並沒有被灌注超自然的恩寵或是在神的旨意下被改造。佛陀所設計的方法是純粹人性的啟發。他的比丘們是要開發他們自然的力量，就像技藝純熟的金匠那樣使得色澤暗淡的金屬變得閃耀美麗，使它完全成為自己，完全開發其潛能。我們似乎有可能教育人們無私地生活，而且可以很快樂。如果比丘感到抑鬱或挫折，這或許證明了他們的生活方式是在殘害他們的人性。我們之所以能夠斷除「不善」的心理狀態，像是瞋恨、掉悔、慳吝、妒嫉和貪欲，不會是因為神禁止它們或是因為它們是「有罪的」，而是因為我們發現沉溺在這些情緒裡會斲傷人性。僧團生活需要的慈悲、謙讓、體諒、和睦、隨順，是另一種苦行。但是不同於以前極端的苦行，它創造了和諧與平衡。如果持之以恆地存養它，便可以達到涅槃的心解脫，那是另一種崇高的心理自然狀態。

但是只有比丘才可能完全實現這個法。印度城市的喧囂和忙碌，使人們無法學習靜坐和瑜伽，所以只有捨離世界的比丘才能夠證得涅槃。像是給孤獨長者這樣的優婆塞，終日忙於貿易和生產的事業，只會使欲望更加熾盛，而沒有辦法熄滅貪瞋痴三火。在家眾最多只能期望受生到更方便解脫的善道。四聖諦不是為在家眾說的法；我們必須「體悟」四聖諦，而只有透過瑜伽才能「親證」這個真理，這是佛教的根本教義。[30]如果沒有念住的訓練，諸如「無我」之類的教法就沒有意義。但是佛陀並沒有忽略在家眾。他似乎有兩個說法的方

---

28. Ling, *The Buddha*, 140-52; Michael Edwardes, *In the Blowing Out of a Flame: The World of the Buddha and the World of Man*, London, 1976, 30-31.
29. Gombrich, *Theravāda Buddhism*, 81-86; Michael Carrithers, *The Buddha*, Oxford and New York, 1983, 95-97.
30. *Dīgha Nikāya*, 3:191.

向：分別是為出家眾和在家眾說的。

在給孤獨長者臨終的悲傷故事裡，更是清楚表現這一點。當他病危時，舍利弗和阿難去看他，舍利弗略說閒居遠離的好處：給孤獨長者應該學習不執著於感官，因為和外在世界的接觸，會使他陷入輪迴。我們或許會想，這是佛教的基本教義，但是給孤獨長者以前卻沒有聽過。他聽了以後，悲歎流淚。阿難憂心忡忡地問他：「汝今怯劣耶？」不，給孤獨長者說，那不是問題：「我自顧念，奉佛以來二十餘年，未聞尊者舍利弗說深妙法，如今所聞。」[*26]舍利弗說，這個教法不是為在家眾說的，而只有出離家庭生活的人才得聞此法。這是不對的，給孤獨長者回答說。居家白衣也應該聽這種法：有少欲居家白衣，足以成正覺，證得涅槃解脫。

經典告訴我們，給孤獨長者在那個夜晚過世，以預流果得生天界，只要再受生七次。這無疑是個福報，但是相對於他的慷慨布施和虔誠事奉，似乎回報得太少。不讓在家眾聽聞基本教義，這似乎很不公平，但是每個人在靈性上有相同的起跑點，這是現代才有的觀念。在現代之前的宗教幾乎都在兩個階層上活動，終身研習且沉思經典的上層社會，然後傳授給難免比較無知的俗眾。只有真正的教育普及並且有機會接觸到經典，才有可能達到完全的宗教平等。直到西元前一世紀，佛教經典才以文字流傳，而那時候經典抄本也很稀有。每個想聽聞佛法的人都必須去找佛陀或其他比丘。[31]

那麼僧伽對在家眾說什麼法？俗眾得先「歸依」佛陀。優婆塞和優婆夷會供養比丘，因而得到福報，死後受生善道。比丘們也會教導俗眾什麼是正命和正業，清淨他們的行為，以存養心量。每個人都認為這是很公平的交易。有些在家眾，例如給孤獨長者，他們會花很多時間隨侍佛陀和比丘們。他們會被鼓勵守五戒，那是給初學者的教法。五戒是不殺生、不偷盜、不邪淫、不妄語、不飲酒。這和耆那教的在家眾戒律幾乎相同。在每月的布薩日，佛教在家眾延續古代吠陀的斷食和禁欲的預備祭（upavasatha），其實就是讓他們當一天的出家眾：他們不淫、不歌舞倡伎、不住觀聽、不著香華鬘、不香油塗身、不非

31. *Majjhima Nikāya*, 143.

時食。[32][*27]這可以讓他們體會完全的佛教徒生活，並且鼓勵其中某些人出家。

就像瑜祇一樣，佛教比丘在靜坐之前，必須先奉行不害的制戒、內制和制感。在家眾無法深入瑜伽，因此他們要專心守五戒，那是佛陀為他們目前的生活設計的。優婆塞和優婆夷可以據此增長助道因緣，死後得生善道。比丘們在學習禪定的「善法」時，在家眾則是學習戒律的「善法」。[33]布施比丘、真實語、仁慈公正對待他人，可使人的內心安詳和諧，而即使無法完全斷除我執，也可以略加緩減。五戒也有其實際的好處：可以鼓勵他人也如此對待他們。所以，除了積蓄福報以外，他們也學習在此生中活得快樂一些。

對於像給孤獨長者這樣在吠陀體系找不到定位的商人而言，佛法很有吸引力。商人很喜歡佛陀的「善法」；因為那是個聰明的投資。他們會得到優渥的回報，無論是在此生或來世。比丘學習念住於瞬息萬變的心行；在家眾則專注（appanada）他們的財務和社會往來。[34]佛陀要他們儲蓄以應變，照顧他們的親人，布施比丘，不要欠債，掙錢持家，謹慎投資。[35][*28]他們應該節儉、理智、樸實。《善生經》（Sigālavada Sutta）是關於優婆塞的行為規範最詳盡的說法，佛陀教導長者子善生要避免耽湎於酒、博戲、放蕩、迷於伎樂、惡友相得和懈墮。[36]這是「燃火說法」的在家眾版本，訓諭在家眾要事奉三「善火」：奉養父母，扶養妻子、小孩和僕人，供養所有不同僧團的比丘。[37]

但是，一如往常，慈悲還是最主要的德性。有一天，波斯匿王和他的妻子[*29]在聊天，他們都覺得人世間沒有比自己更可愛的東西了。佛陀當然不同意這種想法，但是當國王告訴他這段談話時，佛陀並沒有責備他，也沒有大談「無我」或是八正道。相反的，佛陀同理波斯匿王的觀點，以他的想法為起點，而不是佛陀認為的真理。因此，他沒有告訴波斯匿王說自我是個幻相，因為沒有持恆的瑜伽訓練，他是無法「照見」這個道理的。佛陀要他想一想：如果他覺

---

32. Ling, *The Buddha*, 135-37; Gombrich, *Theravāda Buddhism*, 75-77.
33. Carrithers, *The Buddha*, 86-87.
34. Gombrich, *Theravāda Buddhism*, 78.
35. *Aṅguttara Nikāya*, 2:69-70.
36. *Dīgha Nikāya*, 3:180-83.
37. *Aṅguttara Nikāya*, 4:43-45.

得沒有比他自己更可愛的東西，那麼別人一定也會覺得他們「各自的自我」最可愛。因此，佛陀以偈作為結論：「人生於何最所愛，最愛莫如自己身，果然易地來設想，自愛愛他愛世人。」[38][*30]這也是其他傳統所說的：「己所不欲，勿施於人。」[39]在家眾無法完全斷除我執，但是他們可以就自己的自私經驗去同理他人的脆弱。這可以使他不過度放縱自我，而奉行「不害」的教法。

在著名的《羯臘摩經》（Kālāma Sutta）裡[40]，我們看到佛陀對在家眾說法的方式，羯臘摩族是恆河谷地最北邊的部落，後來由拘薩羅國統治。他們漸漸接受新的城市文明，同樣感受到不安和空虛。當佛陀遊化到喀奢普塔村（Kesa-putta）時，羯臘摩族人於是往詣佛所問法。他們說以前有苦行者和婆羅門來過他們的村落，但是每個沙門和婆羅門都說自己的法，誹謗別人的法。這些法不但互相牴觸，而且都像他們各自的詭辯文化一樣的支離破碎。「這些導師究竟孰是孰非？」他們問道。[*31]佛陀回答說，他可以理解為什麼羯臘摩族如此困惑。就像以前一樣，他還是深入他們的論點，他並沒有滔滔不絕地宣說自己的教法，加入論諍，增加他們的困擾，而是來個即興的教學（這使我們想到同時代的蘇格拉底和孔子的問答法），幫助羯臘摩族人自己去解惑。他先是告訴他們，他們的困擾是因為他們期待別人告訴他們答案，但是當他們內觀自己的心時，會發現他們早就知道什麼是對的了。

「羯臘摩人啊，」他說：「不要輕易相信傳說或權威。道德的問題必須反求諸己。譬如說，貪欲是好還是不好？」羯臘摩人回答說：「不好，世尊。」他們是否知道人心裡充滿貪欲而為所欲為，甚至殺人、偷盜、妄語？是的，羯臘摩人知道有這種事。這種行為是否會使自私的人不受歡迎，因而不快樂？而瞋恨或執著妄念而無法如實理解事物，是否也是如此？這些情緒是否會招致痛苦和煩惱？他循序漸進地要羯臘摩人回想自己的經驗，觀察貪瞋痴這三把火。討論終了時，羯臘摩人發現其實他們早就知道佛陀的法了。「這就是為什麼我告訴你們不要依賴任何導師的原因，」佛陀如是總結。「當你們在心裡瞭解到

38. *Saṁyutta Nikāya*, 3:1-8.
39. *Shabbat* 31A; cf. *Matthew*, 7:12; Confucius, *Analects* 12:2.
40. *Aṅguttara Nikāya*, 3:65.

哪些是善法，哪些是不善法時，你們就要如是奉行並且堅持不懈怠，無論別人告訴你們什麼。」[41][*32]

他也告訴羯臘摩人，他們避免貪欲、瞋恨和愚痴時，也可以增長與之相對的善行：「不貪、不瞋、不痴」。如果他們存養一顆饒益、隨順和喜捨的心，並且對生命有整全的理解，就會更快樂一些。如果還有來世（佛陀並不要求他們相信輪迴，他們或許不很熟悉這個觀念），那麼這些善業會使他們受生天界。即使沒有輪迴，這個體諒且寬大的生活方式或許可以鼓勵別人也如此對待他們。至少，他們知道自己做的是對的，而這就已經是個慰藉。佛陀為了幫助羯臘摩人建立起善法，而傳授他們一種禪定技術，那是在家眾的「四無量心」。首先他們必須先摒棄內心裡的貪婪、瞋念和妄想。然後他們要把慈悲心擴散到十方世界。當他們這麼做時，會感受到更崇高更開闊的存在。他們會發現自己心中充滿了「豐富、崇高、無量的慈悲」；他們會打破自身侷限觀點的藩籬，擁抱整個世界。他們會暫時超越我執的狹隘鄙陋，體驗神遊物外的感受，「橫徧於上下一切處，於一切世界」，感覺到他們的心如如平等，充塞天地。[42]優婆塞和優婆夷或許無法證得永恆的涅槃，但是可以窺見究竟解脫的境界。[*33]

因此，佛陀同樣教導僧眾和俗眾以慈悲心去化解我執，這個我執充斥在你爭我奪的新興社會裡，使人們遠離生命的神聖向度。他所要宣說的善法在以下巴利文經典的偈頌裡表現得淋漓盡致：

「但修慈悲安樂法，與眾生幸福安穩；任何生物及生類，怖動者與定立者；任何長身大身者，中身者與短軀者；微細者與粗大者；目見者與不見者，住遠者與不遠者；已生者與住胎者，利樂此等諸有情。彼此互相勿欺瞞，任何處人勿輕賤；勿作惱害瞋恚想，不欲使人受苦辛；恰似母有獨生子，甘為守護捨身命；修習無量大慈意，一切生類如斯對。善待世間諸眾生，無量慈意應

41. Ibid.
42. Ibid.

習生；上下縱橫無障礙，既無怨恨亦無敵。」43 *34

能夠作如是觀的在家眾，在梵行道路上已經很有進境了。

經典裡的確有些在家信徒於僧伽之外修習禪定而證得涅槃的故事，但是這些特立獨行的高人只是例外，而不是常理。人們認為阿羅漢不能再過著家庭生活；證道之後，他不是加入僧伽就是立即入滅。佛陀的父親淨飯王顯然就是這樣，他在兒子傳道的第五年證得涅槃，第二天就過世。佛陀聽到這個消息後，便回到迦毘羅衛城去，在尼拘律園待了一陣子。這事件也導致教團新的發展，而那不是佛陀所樂見的。當他在尼拘律園時，他父親的遺孀，大愛道．瞿曇彌（Pajāpatī Gotamī）來詣佛陀：她也是佛陀的阿姨，在他生母過世後，成為他的養母。現在她了無牽掛，想要隨佛出家。佛陀堅決拒絕她的請求。大愛道再三懇請，佛陀都不答應，她只好傷心離開。幾天後，佛陀到毘舍離去，那是毘提訶國的首都，在恆河北岸。他經常待在那裡的園林，裡頭有高牆屋頂的宅邸。有一天早上，阿難驚訝看到大愛道和一群釋迦族的女人「在門外立，步涉破腳，塵土坌身，涕泣流淚」。阿難叫道：「瞿曇彌，何故與舍夷五百女人剃髮被袈裟、步涉破腳、塵土坌身，在此涕泣流淚而立耶？」大愛道回答說：「我等女人於佛法中不得出家受大戒。」阿難很關心她們，便說：「且止，我為汝往佛所求請。」[*35]

但是佛陀還是拒絕考慮這件事。這是個非常重要的關鍵。如果他仍然不許女人出家，便意味著他認為有半數的人類沒有資格成正覺。但是佛法應該是為一切眾生而存在的：天人、動物、盜賊、所有種姓的人，為什麼只排除女人在外？難道再生為男子是她們唯一的希望嗎？阿難想到了另一個辦法。「世尊，」他問道：「女人於佛法中出家受戒，可得須陀洹果乃至阿羅漢果不？」佛告阿難可得。阿難懇求佛陀：「若女人於佛法中出家受大戒，得須陀洹果乃至阿羅漢果者，願佛聽出家受大戒。」又提醒佛陀說，佛陀生母過世後，大愛道對他有養育之恩。佛陀很不情願地讓步。大愛道可以出家，如果她能遵守比

---

43. *Sutta-Nipāta*, 118.

丘尼八敬法，這些戒律明白顯示比丘尼的地位非常低。比丘尼見到比丘應起立，即使他是新受戒比丘；比丘尼不應在無比丘處夏安居；比丘尼半月從僧乞教授；比丘尼犯僧殘罪，應在二部僧中半月行摩那埵；比丘尼必須從比丘僧乞受大戒；比丘尼不應呵比丘，比丘應呵比丘尼；比丘尼不應罵詈比丘呵責，不應誹謗、言破戒、破見、破威儀。[*36]大愛道很高興地接受這些規定，於是受大戒出家，但是佛陀還是很擔心。他對阿難說，如果女人沒有依佛法出家，佛法可以住世千年，如今只剩下五百年了。[*37]女人太多的部落會很容易受到攻擊並且滅亡；同樣的，沒有哪個允許女眾出家的僧伽可以存在很久的。譬如稻田被霜雹破壞，她們也會令佛法不久。[44]

我們如何看待這種仇視女性的態度呢？佛陀說法時總是不分男女眾。他准許女人出家後，有上千個女性成為比丘尼，而佛陀也讚賞她們的梵行成就，說她們可以和比丘們媲美，而他也預言自己要等到四眾（比丘、比丘尼、優婆塞、優婆夷）弟子具足才會般涅槃。[45]經典裡似乎有矛盾之處，這使得有些學者認為佛不許女人出家以及規定八敬法的故事是後來穿鑿附會的，反映出教團裡的沙文主義。西元前一世紀左右，確實有些比丘為了自己的性欲而呵責比丘尼，說她們會使他們無法證得菩提，認為女性是修行的普遍障礙。其他學者則主張，儘管佛陀已成等正覺，卻還是無法擺脫時代的限制，他無法想像一個非父權的社會。他們指出，雖然佛陀不情願，但是讓女性受戒出家，這在當時還是非常激進的行動，可能是史無前例，讓女性有了家庭以外的選擇。[46]

雖然如此，女性出家還是有個無法掩飾的困難。在佛陀心裡，女性難免和「欲望」糾纏不清，因而會障礙菩提。當他出家求道時，沒有像某些梵志那樣帶著妻子一起走。他認定她不會是他在解脫道上的伴侶。但這不是因為他認為性愛很可憎，像基督教的教父那樣，而是因為他會眷戀他的妻子。學者們同

44. *Vinaya: Cullavagga*, 10:1.

45. *Dīgha Nikāya*, 156; Isalene Blew Horner, *Women Under Primitive Buddhism*, London, 1930, 287.

46. Rita M. Gross, "Buddhism," in Jean Holm with John Bowker (eds.), *Women in Religion*, London, 1994, 5-6; Anne Bancroft, "Women in Buddhism," in Ursula King (ed.), *Women in the World's Religions, Past and Present*, New York, 1987, passim.

意，經典有些部分都可以見到比丘們的斧鑿痕跡。「世尊，我等於女人，當如之何？」阿難在佛陀住世的最後幾天問他。「阿難，莫與相見。」「世尊，設相見者，當如之何。」「阿難，莫與共語。」「世尊，設來語者，當如之何。」「阿難，時當警戒。」[47]佛陀自己或許也不同意這麼極端的性別歧視，但是這些話有可能是反映他始終無法克服的隱隱擔憂。

如果說佛陀對女人懷有負面的感覺，這其實是軸心時期特有的態度。我們必須很遺憾地說，文明從未善待過女人。考古學的發現顯示，在城市文明之前的社會，有時候是非常尊重婦女的，但是隨著軍事強權國家的興起和最早的城市專業化，她們的地位便江河日下。她們成為男人的財產，在某些古代律法裡，甚至遭受丈夫的嚴厲控制。上層社會的女人處心積慮地攫奪些許權力，但是當佛陀在印度傳道的時候，其他軸心時期的國家裡的婦女地位已經大不如前。在伊朗、伊拉克以及後來的希臘城邦，婦女蒙上面紗，只能待在閨房裡，女性歧視的態度更加根深柢固。古代雅典（西元前五百至三百二十三年）的婦女處境特別艱苦，幾乎被社會完全排斥；她們的主要德性據說是沉默和服從。

在早期的希伯來傳說裡相當推崇底波拉（Deborah）、米利暗（Miriam）和雅億（Jael）[*38]，但是到了先知的信仰改革時代，女人在猶太律法裡被貶為次等階級。值得注意的是，在原來不屬於軸心時期國家的埃及裡，對於婦女的態度卻開明許多。[48]新的宗教似乎對於女性有著本質上的仇視，而延續到我們的時代。佛陀的求道是屬於男性的英雄事蹟：堅決拋棄所有的束縛、拒絕家庭世界和女人、孤獨的大奮鬥、窺見新的世界，都被認為是象徵著男人德性的態度。直到現代世界，人們才開始質疑這個態度。女人尋求她們自己的「解放」（她們也用「liberation」這個字）；她們也拒絕過去的權威，孤獨地踏上自己的旅程。

佛陀預言說婦女會使佛法不久住，但是事實上僧伽第一次的危機是肇因於男人的我執的衝突。[49] [*39]根據佛教的教義，除非犯錯的人知道自己做錯事，否

47. *Dīgha Nikāya*, 16.
48. Leila Ahmed, *Women and Gender in Islam*, New Haven and London, 1992, 11-29.
49. *Majjihima Nikāya*, 128.

則他的過犯就不必被譴責。在憍賞彌，有個誠實多聞的比丘被逐出僧團，但是他抗議說對他的處罰並不公平，因為他不知道他犯了什麼戒。憍賞彌的比丘立即分裂為意見對立的兩派，佛陀感到非常傷心，甚至一個人到森林裡去住，和一頭被畋獵的貴族打傷的大象變成好朋友。[*40]佛陀說：「在於世界中，從非怨止怨，唯以忍止怨；此古（聖常）法。」[50]他知道兩造都有道理，但是論諍的比丘們心中的我執使他們看不到對方的觀點，即使是佛陀也無法讓他們瞭解彼此的立場。他告訴舍利弗和大愛道，比丘尼眾的領導者，要同樣尊重這兩派；給孤獨長者也被囑咐要平等布施雙方。但是佛陀並沒有提出解決之道：論諍的比丘必須自己想辦法。最後，被逐出僧團的比丘作了讓步：即使他當時不知道那是過犯，他還是犯了戒。[*41]教團立即歡迎他回來，論諍也就平息下來。[51]

這故事告訴我們許多關於早期僧伽的面貌。他們沒有緊密的組織，也沒有核心的權威。相較於新興的君主專制，他們其實更接近共和國的「僧伽」[*42]，會議裡的所有成員都是平等的。佛陀拒絕成為威權和宰制的領袖，也不像是後來基督教制度的修道院院長（Father Superior）。的確，稱僧伽為「一個」教團，似乎不是很恰當；他們其實有許多不同的教團，位於恆河流域的各個地方。不過，這些教團奉行同一個教法和生活型態。每隔六年，遊行四方的比丘和比丘尼會聚在一起，唱誦他們共同的戒本，稱為波羅提木叉（Pāṭimokkha）（別解脫戒）。[52]「波羅提木叉」有「結合」之意，也就是要維繫僧伽的團結：

> 「一切惡莫作，一切善應行，自調淨其意，是則諸佛教。諸佛説涅槃最上，忍辱為最高苦行。害他實非出家者，惱他不名為沙門。不誹與不害，嚴持於戒律，飲食知節量，遠處而獨居，勤修增上定，是為諸佛教。」[53]

佛陀非常重視這個儀式，很類似共和國的全體大會。每個人都必須參加，

---

50. *Dhammapada*, 5-6.
51. *Vinaya: Mahāvagga*, 10:5.
52. Dutt, *Buddhist Monks*, 66.
53. *Dhammapada*, 183-85.

因為那是早期僧伽唯一的聚會。

後來，在佛滅以後，這個簡單的誦戒儀式被更繁複的聚會所取代，由各地的教團於每半月的布薩日舉行。[*43]這個改變象徵著僧伽從教派過渡到教團。他們不再只是唱誦有別於其他教派的教法，比丘和比丘尼也唱誦僧伽的戒律，對其他人說出自己的過犯。那時候的戒律比佛陀住世時要複雜得多。有些學者認為毘奈耶的戒律是經過二到三個世紀才真正完備，但是有些人相信，教團的實質精神可以追溯到佛陀自身。[54]

僧伽是佛教的核心，因為其生活型態於外在世界體現了涅槃的內在狀態。[55]比丘和比丘尼必須「出家」，不只是離開家庭生活，甚至是捨離他們的自我。比丘、比丘尼、優婆塞、優婆夷必須拋棄取捨的「貪欲」，學習少欲知足。僧伽的生活也方便他們習禪，進而斷除使我們煩惱流轉的貪欲、瞋恨、愚痴。慈悲喜捨的理想教導他們放下我執，利益眾生。功夫日深以後，他們就可以得到堅定不移的內在平靜，那就是涅槃，也就是梵行的究竟目標。僧伽是世界上第一個自願性的體制，只有耆那教可以說和它一樣久遠。僧伽的存在告訴我們關於人性和人類生活的重要真理。窮兵黷武的帝國都已經煙消雲散，但是比丘的教團卻存在了二千五百年。早期佛教傳說把佛陀和轉輪聖王相提並論，預示了這個對比。這個訊息似乎是說，人的存在不是靠著自我保護和防衛，而是要能捨離人的自我。

但是即使僧眾們捨棄了大眾的生活方式，但是人們並不會憎惡他們，反而深深受他們吸引。在家信徒不認為比丘和比丘尼是槁木死灰的苦行者，反而歡喜供養他們。這又告訴我們，佛陀制定的生活型態並不被認為是違反人性的，而是很慈悲的。精舍並不是孤獨的碉堡：國王、婆羅門、小販、長者、歌伎、貴族、梵志，悉皆紛至沓來。波斯匿王和頻婆娑羅王經常去拜訪佛陀，向他請益，佛陀在晚間坐在蓮花池畔，或是斜倚著門廊，看著愚痴多者如蛾投火。我們讀到有許多苦行者來詣佛所；族人會來向佛陀請教問題；貴族和小販會騎著

54. Gombrich, *Theravāda Buddhism*, 92; Oldenberg, *The Buddha: His Life, His Doctrine, His Order* (trans. William Hoey), London, 1882, xxxiii.

55. Gombrich, *Theravāda Buddhism*, 88-89.

大象來；而地方的長者子會成群騎馬來邀請佛陀吃晚飯。

在這所有的喧囂俗務中，我們看到佛陀寂靜調和的形象，這個剛剛證道的覺者。對於無法像他那樣自我捨離的我們而言，他始終是形象模糊而深不可測的，因為在他證道後，便捨棄了個性，雖然不是冷酷無情的。我們再也看不到他內心的掙扎和努力；就像他在證道時宣說的，他「所作已辦」。他是如來，已經離開了的人。他既無我執，也沒有法執。巴利文經典往往把他比喻為非人的生命，不是因為他被認為違反自然，而是因為人們不知道怎麼去分類他。

有一天，一個婆羅門[*44]看到佛陀在樹下靜坐。「嚴容絕世，諸根澄靜，其心寂定，第一調伏，正觀成就，光相巍巍，猶若金山。」婆羅門看到佛陀後心生敬畏，佛陀使他想起長牙象，他們都給他調伏巨大的力量和潛能而導向寂靜平安的印象。婆羅門看到身心調和、自制和寂靜，他從來沒有見過這樣的人。他問佛陀：「為是天耶？」佛陀說：「我非天也。」婆羅門不相信，繼續問道：「為龍、夜叉、乾闥婆、阿修羅、迦樓羅、緊那羅、摩羅伽、人、非人等？」但是佛告訴婆羅門說：「我非龍乃至人、非人也。」他沒有變成其他東西。自從過去佛在幾千年前住世之後，世界已經很久沒有看過這樣的人了。佛陀解釋說，他在過去世生為天人，動物以及一般人，但是那些過去的煩惱結漏都已經止息，「斷其根本，如截多羅樹頭，於未來世成不生法。」佛陀問婆羅門，是否看過「分陀利花，雖生水中，而未著水」。他告訴他的訪客，「我雖生世間，不為世間著。」他在此生證得涅槃，開顯了人性新的潛能。在這個煩惱世界裡，人們還是可以寂靜、自制、與自己以及眾生和諧共處。但是要做到寂靜調伏，人們必須先拋棄我執，利益眾生。我執的死亡並不是黑暗，儘管在局外人看來非常可怕；這可以使人們完全覺察他們的本性，把他們的能力發揮到極致，那個婆羅門如何定位佛陀？佛陀告訴他：「究竟生死除，故名為佛陀。」[56]

56. *Aṅguttara Nikāya*, 4:36.

譯注

*1. 見：《相應部》：「止止！跋迦梨！何必見此爛壞之身。跋迦梨！得見法者則見我，見我者乃見法。跋迦梨！見法則見我，見我乃見法。」

*2. 見：《犍度．小品》：「爾時，佛世尊住王舍城竹林迦蘭陀迦園。其時，尚未為諸比丘制立坐臥處。此處彼諸比丘住阿蘭若、樹下、山中、洞窟、山洞、塚間、山林、露地、藁堆之諸處，晨從阿蘭若、樹下、山中、洞窟、山洞、塚間、山林、露地、藁堆諸處出來，行走、觀察、屈伸殊妙而眼向地，威儀具足。」

*3. 見：《四分律卷第三十二》：「佛告諸比丘：『汝等人間遊行，勿二人共行，我今欲詣優留頻螺大將村說法。』對曰：『如是。世尊！』諸比丘受教已，人間遊行說法，時有聞法得信欲受具足戒。時諸比丘，將欲受具足戒者，詣如來所，未至中道，失本信意不得受具足戒。諸比丘以此事白佛，佛言：『自今已去聽汝等即與出家受具足戒。欲受具足戒者，應作如是教令，剃鬚髮、著

袈裟、脫革屣、右膝著地合掌，教作如是語：「我某甲歸依佛、歸依法、歸依僧，今於如來所出家，如來、至真、等正覺是我所尊。」如是第二、第三竟。「我某甲已歸依佛、歸依法、歸依僧，於如來所出家，如來、至真、等正覺是我所尊。」如是第二、第三。』佛言：『自今已去聽三語，即名受具足戒。』」

*4. 見：《本生經．因緣總序》。另見：《犍度．大品》。

*5. 迦葉三兄弟都是行火供者（Agnihotris），因為蓄長髮，所以也叫作螺髻梵志（Jatila），分別叫作優樓頻螺迦葉（Uruvella Kassyapa）、那提迦葉（Nadi Kassyapa）、伽耶迦葉（Gaya Kassyapa）。

*6. 佛陀以十種神變伏迦葉的故事，見：《四分律．卷第三十二》；《佛說過去現在因果經》。

*7. 見：《經集．賤民經》：「非因生來乃賤民，亦非生是婆羅門；乃由依行是賤民，亦依行是婆羅門。」另見：《雜阿含一〇二經》：「如是大精進！如是大牟尼！不以所生故，名為領群特。不以所生故，名為婆羅門，業故領群特，業故婆羅門。」。

*8. 見：《犍度．大品》：「於是處，世尊告諸比丘曰：『諸比丘！一切熾燃。諸比丘！如何一切熾燃耶？諸比丘！眼熾燃，色熾燃，眼識熾燃，眼觸熾燃，緣眼觸生受，或樂、或苦、或不苦不樂，亦熾燃也。以何為熾燃耶？我說以貪火、瞋火、癡火為熾燃，以生、老、病、死、愁、悲、苦、憂、惱為熾燃。耳熾燃，聲熾燃，乃至鼻熾燃，香熾燃，乃至舌熾燃，味熾燃，乃至身熾燃，觸熾燃，乃至意熾燃，法熾燃，意識熾燃，意觸熾燃。緣意觸生受，或樂、或苦、或不苦不樂亦熾燃。以何為熾燃耶？我說以貪火、瞋火、癡火為熾燃，以生、老、病、死、愁、悲、苦、憂、惱為熾燃也。』」

*9. 見：《過去現在因果經卷第四》。

*10. 《大智度論》：「二人相與誓曰：『若先得甘露，要畢同味。』」《佛說過去現在因果經》：「二人互共以為親友，。極相愛重。咸共誓言：若先得聞諸妙法者，要相開悟無得悋惜。」

*11. 即五比丘之一，又譯為馬勝比丘。

*12. 阿說示當時說的是：「諸法因緣生，是法說因緣，是法因緣盡，大師如是說。」

見：《大智度論》；另見《犍度・大品》：「諸法因緣生，如來說其因；諸法滅亦然，是大沙門說。」

*13. 見：《犍度・大品》：「時，舍利弗、目犍連率二百五十梵志到竹林。梵志刪若於是處口吐熱血。」

*14. 同前揭：「諸比丘！此聲應不久存，唯存七日而已，七日過後當消滅矣。」

*15. 當時的羅睺羅應該有十五歲了。見：《犍度・大品》：「時，世尊于隨意間住王舍城後，往迦維羅衛城，順次遊行至迦維羅衛城。時，世尊住釋迦國迦維羅衛城尼拘律園。時，世尊於早晨時著下裳，持鉢、衣，至釋氏淨飯王住處。至已，坐于設座。時，羅睺羅之母王妃言羅睺羅王子曰：『羅睺羅！彼汝父也，往求餘財！』時，羅睺羅詣世尊住處。詣而立於世尊之前曰：『沙門！歡喜汝之形影。』時，世尊即從座起而去。時，羅睺羅王子隨往世尊之後言曰：『沙門！與我餘財，沙門！與我餘財。』時，世尊告舍利弗曰：『舍利弗！汝令羅睺羅出家！』」

*16. 見：《佛本行集經・優婆離因緣品》。

*17. 見：《雜阿含經．第五九二經》。

*18. 見：《犍度．小品》。

*19. 《十誦律》卷二十四：「佛在王舍城，諸比丘夏中遊行諸國土，踐蹋生草奪諸蟲命。爾時諸異道出家譏嫌責數言。諸異道沙門婆羅門，夏安居時潛處隱靜，譬如鳥日中熱時避暑巢窟。諸異道沙門婆羅門，夏安居時潛處隱靜。沙門釋子常作此心，自稱有德，而夏中遊行，踐蹋生草殘害物命。有諸比丘，少欲知足行頭陀，聞是事心慚愧，以是事具白佛。佛以是事集僧，集僧已佛知故問。問諸比丘，汝實作是事不。答言：『實作世尊。』佛種種因緣訶諸比丘，云何名比丘，夏中遊行踐蹋生草奪諸虫命。佛種種因緣訶已，語諸比丘，從今應夏安居。」

*20. 見《四分律》卷三十七：「世尊爾時以此因緣集比丘僧，以無數方便呵責六群比丘：汝所為非，非威儀，非淨行，非沙門法，非隨順行，所不應為。云何六群比丘於一切時春夏冬人間遊行，夏天暴雨、水大漲，漂失衣鉢、坐具、針筒，蹈殺生草木，居士於草木有命根想，譏嫌故，令居士得罪。以無數方便呵

責六群比丘已，告諸比丘：『汝不應於一切時春夏冬人間遊行，從今已去，聽諸比丘三月夏安居。』」

*21. 故事中佛陀親自為這位患腹病的比丘洗澡，並且和阿難一起扶他上床。見：《犍度．小品》：「爾時，有一比丘患腹病，彼於大小便中臥。……『諸比丘何故不看護汝耶？』『我於諸比丘無所用益，故諸比丘不看護我也。』時，世尊告具壽阿難曰：『阿難！去持水來，我等浴此比丘。』……世尊以水澆之，具壽阿難洗之。世尊抱頭，具壽阿難抱足，使牀上臥。……『諸比丘！汝等亦無父亦無母看護汝等。諸比丘！汝等若不互相看護，有誰看護汝等？諸比丘！欲人侍我者，且看護病者。』」

*22. 《四分律》卷三十七：「彼作如是語：我等當共作制結安居，不得共語、禮拜、問訊。若先入聚落乞者，先還掃除食處，敷座具、具水器、具洗足器、具盛食器。各自持食來置食處。若得食多者，先應減留。若足便食。食訖默然還房。若次有入聚落乞者，得食便還，持食至食處。若得食多者，應先減留，若足便食，若不足者，取先所留食足食。食訖默然還房。若末後入聚落乞者，得

食便還，持食至食處。若得食多者，先應減留，若足食便食，若不足者，取先所留者足食之。有餘殘食，若與乞人、若非人，若無與處，應置淨地無草處，若置無蟲水中。洗治食器，還復本處。臥具、水器、洗足器及座具還復本處，掃除食處。若見水器、洗足器空，若能勝者，即應持還。若不能勝，以手招伴。共持器還復本處，默然還房，不應以此因緣有所說。如是我等可得安樂住，不以食飲為苦。作如是制，結安居自恣竟。」

*23. 這位比丘就是阿那律。見：《中部．隨煩惱經》：「於此，世尊！我有如是思念：『我與如是類之諸同梵行者共住者乃我之利得，我之善利也。』世尊！此等諸尊者於明於暗，如是對我現起慈身業、於暗於明現起慈語業、慈意業也。世尊！而且我如是思念：『我今如何放棄己心以隨此諸尊者之心而動作。』世尊！如是我放棄己心，隨此等諸尊者之心而動作。世尊！我等之身體實是相異也。然，心正是同一也。」另見：《中阿含經．長壽王品》：「尊者阿那律陀白曰：『世尊！如是我等常共和合，安樂無諍，一心一師，合一水乳，得人上之法而有差降安樂住止。世尊！我等得光明便見色，彼見色光明尋復滅。』」

*24. 見：《中阿含例品法莊嚴經》。

*25. 當時北印度並沒有形成任何一個主權國家。該地區大小諸國並立，其中有些是君主政體的王國，有些不是。迦毘羅衛的釋迦族是不屬於君主政體的王國，有許多家族輪流治理國家。佛陀降生時，正好輪到淨飯王執政。釋迦國地處印度東北隅，是個獨立國家，但是到了晚期，則淪為拘薩羅國的附庸。

*26. 見：《雜阿含一〇三二經》：「尊者舍利弗告長者言：『當如是學：不著眼，不依眼界生貪欲識；不著耳、鼻、舌、身，意亦不著，不依意界生貪欲識。不著色，不依色界生貪欲識；不著聲、香、味、觸、法，不依法界生貪欲識。不著於地界，不依地界生貪欲識；不著於水、火、風、空、識界，不依識界生貪欲識。不著色陰，不依色陰生貪欲識；不著受、想、行、識陰，不依識陰生貪欲識。』時，給孤獨長者悲歎流淚。尊者阿難告長者言：『汝今怯劣耶？』長者白阿難：『不怯劣也。我自顧念，奉佛以來二十餘年，未聞尊者舍利弗說深妙法，如今所聞。』」另見：《中部．教給孤獨經》。

*27. 也就是八關齋戒。「八關戒齋，謂以八戒及齋，關閉情欲，作出世正因也。八

戒者：一不殺；二不盜；三不婬，無論邪正悉斷；四不妄語；五不飲酒；六不著香華鬘，不香塗身；七不歌舞倡伎，不往觀聽；八不坐高廣大牀也。」（《佛說梵網經菩薩心地品合註卷第六》）

*28. 見：《長阿含．善生經》：「一食知止足，二修業勿怠，三當先儲積，以擬於空乏，四耕田商賈，澤地而置牧，五當起塔廟，六立僧房舍，在家勤六業，善修勿失時。如是修業者，則家無損減；財寶日滋長，如海吞眾流。」

*29. 即勝鬘夫人，又名末利、茉莉。

*30. 見：《相應部．末利經》：「思雖往一切，不達於比己；更為可愛者，其他之諸人；亦是可愛己，是故為自愛，勿以傷害他。」

*31. 見：《增支部》：「大德！有沙門、婆羅門眾來至羇舍子，彼等只述示自說，相反者，對於他說則予駁斥、輕蔑、卑視、拋擲。大德！復有他類沙門、婆羅門來至羇舍子，彼等即皆只述示自說，相反者，對他說則予駁斥、輕蔑、卑視、拋擲、大德！對彼等，我等有惑，有疑。於此等沙門、婆羅門諸氏中，誰語真實？誰語虛偽？」

*32. 見：《增支部》：「伽藍眾！是故，我語：『伽藍眾！汝等勿信風說，勿信傳說、勿信臆說、勿信因與藏經之教相合，勿信因基於尋思、勿信因基於理趣、勿信因熟慮因相、勿信因與審慮、忍許之見相合，勿信因說者是堪能，勿信因此沙門是我等之師。』伽藍眾！若汝等共自覺此法是善，此法是無罪，此法是智者之所稱讚者，若將此法圓滿執取即可引益與樂，則伽藍眾！其時應具足而住，如是語者是緣此而說。」

*33. 見：同前揭：「伽藍眾！彼聖弟子即如是離貪、離瞋，不愚癡。以正知、正念、與慈俱行之心，與悲俱行之心，與喜俱行之心，與捨俱行之心，偏滿一方而住。第二、第三、第四方亦同。如是橫偏於上下一切處，於一切世界，與捨俱行之廣、大、無量、無怨、無惱害之心、偏滿而住。伽藍眾！彼聖弟子如是心無怨憎，如是心無貪欲，如是心無雜染，如是心淨，彼於現法得四慰安。」

*34. 見：《經集．慈經》：「心中知足且易養，生活簡素無雜行；諸根寂靜且聰明，不諂檀越無隨貪；雖受諸識者非難，不行一切雜穢行；但修慈悲安樂法，與眾生幸福安穩；任何生物及生類，怖動者與定立者；任何長身大身者，中身

者與短軀者；微細者與粗大者；目見者與不見者，住遠者與不遠者；已生者與住胎者，利樂此等諸有情。彼此互相勿欺瞞，任何處人勿輕賤；勿作惱害瞋恚想，不欲使人受苦辛；恰似母有獨生子，甘為守護捨身命；修習無量大慈意，一切生類如斯對。善待世間諸眾生，無量慈意應習生；上下縱橫無障礙，既無怨恨亦無敵。行住坐臥如實知，住立慈祥正念中；遠離睡眠獅子臥，佛教名謂慈梵住。具足戒律成正見，不從惡見隨煩惱；調伏諸欲莫貪求，從此不再入母胎。」

*35. 見《四分律．比丘尼犍度第十七》。

*36. 見：《中本起經》：「佛告阿難：『假使女人，欲作沙門者，有八敬之法，不得踰越，當以盡壽，學而行之。譬如防水，善治堤塘，勿漏而已。其能如是者，可入我律戒。何謂八敬之法？一者、比丘持大戒，女人比丘尼當從受正法。二者、比丘僧持大戒，半月已上，比丘尼當禮事之。三者、比丘僧、比丘尼不得相與並居同止。四者、三月止一處，自相檢押，所聞所見，當自省察。五者、比丘尼不得訟問比丘僧事，以所聞見。若比丘僧有所聞見，訟問比丘尼，比丘

尼即當自省察。六者、比丘尼有庶幾於道法，得問比丘僧經律之事。七者、比丘尼自未得道，若犯戒律，當半月詣眾中首過自悔，以棄憍慢之態。八者、比丘尼雖有百歲持大戒，當處新受大戒幼稚比丘僧下坐，以謙敬為之作禮。是為八敬之法，我教女人不得踰越，當以盡壽學而行之。假令大愛道，審能持此八敬法者，聽為沙門。』」

*37. 同前揭：「佛復語阿難：『以女人作沙門故，使我法五百歲而衰微。所以者何？阿難。女人有五處不能得作。何等為五？女人不得作如來、至真、等正覺；女人不得作轉輪聖王；女人不得作第二忉利天帝釋；女人不得作第六魔天王；女人不得作第七天梵天王。夫此五處者，皆丈夫得為之耳。丈夫得於天下作佛、得作轉輪聖王、得作天帝釋、得作魔天王、得作梵天王。』」

*38. 《士師記》4:4-5：「有一位女先知名叫底波拉（Deborah），是拉比多的妻，當時作以色列的士師。他住在以法蓮山地拉瑪和伯特利中間，在底波拉的棕樹下。以色列人都上他那裡去聽判斷。」《出埃及記》15:20-21：「亞倫的姐姐女先知米利暗（Miriam），手裡拿著鼓，眾婦女也跟他出去拿鼓跳舞。米利暗

應聲說：你們要歌頌耶和華，因他大大戰勝，將馬和騎馬的投在海中。」《士師記》4:17-24：「只有西西拉步行逃跑到了基尼人希百之妻雅億的帳棚，因為夏瑣王耶賓與基尼人希百家和好。雅億出來迎接西西拉，對他說：請我主進來，不要懼怕，西西拉就進了他的帳棚，雅億用被將他遮蓋。西西拉對雅億說：我渴了，求你給我一點水喝。雅億就打開皮袋，給他奶子喝，仍舊把他遮蓋。西西拉又對雅億說：請你站在帳棚門口，若有人來問你說，有人在這裡沒有，你就說沒有。西西拉疲乏沉睡，希百的妻雅億，取了帳棚的橛子，手裡拿著錘子，輕悄悄地到他旁邊，將橛子從他鬢邊釘進去，釘入地裡，西西拉就死了。巴拉追趕西西拉的時候，雅億出來迎接他說，來罷，我將你所尋找的人給你看。他就進入帳棚，看見西西拉已經死了，倒在地上，橛子還在他鬢中。這樣，神使迦南王耶賓被以色列人制伏了。」

*39. 見：《中部・憍賞彌經》：「一時，世尊，在憍賞彌瞿師羅園。時憍賞彌諸比丘競起議論、諍爭、論爭，互逞舌鋒，鋭相攻擊。彼等積不相和不至和解，不相和睦，不至和睦。」

*40. 作者的敘事和經典有出入。見：《四分律．拘睒彌揵度》：「處處遍求伴，無有稱己者；寧獨堅其心，不與愚者同。若處處求伴，不得如己者；寧獨自行善，不與愚惡伴。獨行莫作惡，如山頂野象；若審得善伴，共行住勇健。遊處在諸眾，其心常歡喜；若不得善伴，獨行常勇健，捨於郡國邑，無事如野象。」

*41. 見：同前揭。

*42. 僧伽（sangha），意譯為和合眾。在佛教興起之前已經流行這個名詞，恆河的新興城市因為工商發達而成立各種團體，即稱為僧伽，而毘舍離的議會政制也叫作僧伽。後來才被宗教團體沿用。

*43. 布薩的儀式應該在佛陀住世時就在僧團施行了。見《五分律》卷十八：「爾時劫賓那住乙師羅山，作是念：『我今當往僧集會處布薩不。』復作是念：『我常清淨，何須復往。』爾時世尊知其所念，於王舍城沒涌出其前，就座而坐語言：『汝莫作是念，我常清淨，何須復往布薩，若汝等不往不敬重布薩，誰當敬重者。』世尊如是教已，便與俱沒彼處，出王舍城。以是事集比丘僧說劫賓

那念及已教敕，告諸比丘，今聽諸比丘和合布薩，若不往突吉羅，應一知法，比丘若上座若上座等說言。大德僧聽，今十五日布薩說戒，僧一心作布薩說戒。若僧時到僧忍聽，白如是，諸大德，今布薩說波羅提木叉，一切共聽善思念之，若有罪應發露，無罪者默然。默然故當知我及諸大德清淨，如聖默然我及諸大德亦如是。若比丘如是眾中乃至三唱，憶有罪不發露故妄語罪。故妄語罪佛說遮道法，發露者得安樂是中波羅提木叉者。以此戒防護諸根增長善法於諸善法最為初門故，名為波羅提木叉，復次數此戒法分別名句，總名為波羅提木叉。」

*44.

即豆磨種姓婆羅門：「隨彼道行，尋佛後來。見佛腳跡千輻輪相，印文顯現，齊輻圓輞，眾好滿足。見已作是念：我未曾見人間有如是足跡，今當隨跡以求其人。即尋腳跡至於佛所，來見世尊坐一樹下。」見：《雜阿含．一〇一經》。

第六章　般涅槃

有一天午後，在佛陀證道的四十五年後，不速之客波斯匿王到釋迦族的彌婁離村（Medalumpa）造訪佛陀。現在他是個老人了，以前他對佛陀說過：國王們「貪欲所迷醉」，經常以「象軍、馬軍、車軍、步軍」彼此攻伐。[1]整個恆河流域似乎充斥著毀滅性的我執。長年來，拘薩羅國都在抵抗摩揭陀國的軍隊，他們幾乎要成為整個流域唯一的霸權。波斯匿王摯愛的妻子剛過世，悲傷不能自已。當你信任另一個瀕臨死亡的人，情況就會是這樣。波斯匿王在這世界不再有家的感覺；波斯匿王也模仿遊行比丘的「大出家」，離開宮殿，帶著

1. *Saṁyutta Nikāya*, 3:25.

軍隊到處漫遊。他信步而行，無意間走到釋迦族的聚落，聽說佛陀就在附近。他突然很渴望拜訪佛陀。他覺得佛陀就像一株濃蔭大樹：他寂靜、遠離、超越塵世的擾攘，但是你在危難時可以托庇於佛所。他立即驅車前往彌婁離村，到了道路無法通行車輛的地方，他便下車，把他的劍和頭巾交給他的將軍長作（Dīgha Kārāyana），步行到佛陀的住處。當佛陀打開門時，波斯匿王頂禮世尊，接吻世尊足。佛陀問他：「大王，見我有何等義，而自下意稽首禮足，供養承事耶。」他回答說，因為精舍讓他覺得很安穩；因為僧伽的安詳完全不同於宮庭裡的自私、暴力和貪婪。波斯匿王最後說：「世尊年已八十，而我亦八十。」[2]「兩個老人在一起，應該會互相吐露對彼此的敬重吧。」[*1]

波斯匿王離開精舍，回到長作那裡，他發現他的將軍已經離開，把他的頭巾也帶走了。他趕到軍隊駐紮處，軍隊已經開拔走了，只留下宮女、一匹馬、一把劍。宮女告訴波斯匿王，長作回到舍衛城，發動兵變，擁立波斯匿王的太子毘琉璃（Viḍudabha）登基。如果波斯匿王不想死的話，最好不要回舍衛城。老國王決定到摩揭陀去，他曾經和該國聯姻。但是這趟路很遙遠，而且途中波斯匿王朝虀暮鹽，喝發臭的水。他到王舍城時，城門關了起來，波斯匿王只能在小旅舍過夜。那個晚上，他的痢疾發作，黎明前就過世了。始終在他身邊照顧他的侍女到城裡哭喊：「我的主人啊，拘薩羅的國王，曾經統治兩個國家，現在窮途潦倒而死，躺在窮人的旅舍裡，在城外的森林！」[3]

佛陀始終認為衰老是苦的象徵，纏縛有情眾生。正如波斯匿王所說的，佛陀也老了。已經不再年輕的阿難，最近也開始擔憂世尊的變化。他的皮膚起皺紋，四肢鬆垮無力。「就是這樣了，阿難，」佛陀頷首說。[4]年老的確是很殘忍的事。但是佛陀晚年的故事並沒有著墨於年華老去的傷逝，而是強調老人的無助脆弱。野心勃勃的年輕人背叛他們的長者，兒子殺害父親。在佛陀生命的最後階段，經典描述失去了神聖性的世界有多麼的恐怖。我執宰制了世界：妒

2. *Majjhima Nikāya*, 89.

3. Bikkhu Ñānamoli (trans. and ed.), *The Life of the Buddha, According to the Pāli Canon*, Kandy, Sri Lanka, 1972, 285（該故事是在注釋中而不是經典本身）。

4. *Majjhima Nikāya*, 104.

嫉、瞋恨、貪婪和野心，沒有憐憫和慈悲去緩解它們。任何阻擋他的欲望的人，都遭到無情的殺戮。正直和尊重蕩然無存。經典強調佛陀近五十年來試圖對抗的 厄危難，使我們看到社會的無情和暴力，佛陀提出無我和慈悲，正是要對治這個現象。

即使是僧伽也無法斷除這世俗的習氣。八年前，教團再次遭遇到分裂的威脅，並且捲入殺害頻婆娑羅王的陰謀當中，頻婆娑羅王也是個老國王，供養佛陀將近三十七年。我們只在毘奈耶裡才看到這個叛變的來龍去脈。這或許不是歷史事實，卻是個警訊：僧伽的戒律也可能被破壞而造成危害。根據毘奈耶所述，犯錯的人是提婆達多，佛陀的堂弟，他在佛陀第一次回到迦毘羅衛城時加入僧伽。後來經釋告訴我們，提婆達多從小就對佛陀懷有敵意，和佛陀一起長大，始終是他的死對頭。[*2]然而巴利文經典卻沒有這麼說，反而把提婆達多描繪成勤奮精進的比丘。他顯然是個傑出的演說家，佛陀年老時，提婆達多怨恨佛陀抓著教團不放。提婆達多完全忘記了宗教生活的意義，不斷地自我膨脹。他的心量越來越小：他非但沒有慈愛十方世界諸有情，反而只關心自己的事業，內心充滿了瞋恨和妒嫉。他先是勾結阿闍世王子（Ajātasattu），頻婆娑羅王的兒子和繼承人，以及摩揭陀國的將領。他在王子面前炫耀神通，這證明他在濫用他的瑜伽能力。但是王子對提婆達多心悅誠服：他每天送五百車的物資到王舍城外的靈鷲山精舍去利養提婆達多以及附和他的比丘。[*3]提婆達多成為受到敬重歡迎的國師；他被諂諛沖昏了頭，而想要領導僧伽。有人警告佛陀提婆達多心懷不軌，但是佛陀並不擔心。這個不善法只會讓提婆達多自食惡果。[5]

佛陀在王舍城外的竹園精舍時，提婆達多決定發難。在比丘的大型集會裡，提婆達多正式要求佛陀退休，把僧團交給他領導。「世尊您已經年邁，且健康衰退，」他油腔滑調地說：「請您安度餘年吧！」[*4]佛陀堅定地拒絕了。他甚至沒有想要把僧伽交給舍利弗和目犍連，他兩個最優秀的弟子。他為什麼要把僧團交給像提婆達多這樣迷失的靈魂呢？提婆達多惱羞成怒，於是離開精

5. *Vinaya: Cullavagga*, 7:2.

舍，誓言報復。其實佛陀不是很在意教團的領袖地位。他經常說，僧伽的維持並不需要核心的權威人物，因為每個比丘都要為自己負責。但是任何人像提婆達多這樣的破僧，都必須被逐出教團。我執、野心、仇恨和驕慢，和梵行是絕對不相容的，而且會否定了僧伽的存在理由。因此，佛陀公開和提婆達多斷絕關係，把他逐出僧伽，並且要舍利弗到王舍城去呵責他。有些比丘認為佛陀是妒嫉提婆達多受到王子敬重；不過，比較深思熟慮的人則持保留態度。[6]

這時候，提婆達多向阿闍世王子獻策。他說，以前的人比現在的人都要長壽得多。頻婆娑羅王還在磨磨蹭蹭的，或許阿闍世王子永遠也無法登基。他何不殺死他父親，而提婆達多也殺死佛陀呢？為什麼要讓這兩個老頭子擋他們的路呢？提婆達多和阿闍世王子可以攜手創造偉大的事業。王子很喜歡這個計策，他在脅間繫一把匕首潛入國王的內殿，卻遭到逮捕並坦承叛變陰謀。有些將領知道提婆達多也是共謀，便主張屠盡所有比丘，但是頻婆娑羅王說，佛陀已經把提婆達多逐出教團，不必為這個惡棍的行為負責。當阿闍世被押解到他面前時，頻婆娑羅王很傷心地問他為什麼要殺他。[*5]「我要王位，父王。」

阿闍世很洩氣地說。頻婆娑羅本來就有心想要遜位出家。「王子，如果你要王位，」他很直接地說：「那麼它就是你的了。」[7]就像波斯匿王一樣，他或許也厭倦了政治的不善和暴戾之氣，想要在晚年勤修梵行。但是他的遜位並沒有使他得到好下場。阿闍世王子得到軍隊的支持，幽禁了他的父親，並且把他活活餓死。

新王支持提婆達多刺殺佛陀的陰謀，從軍隊裡挑選訓練有素的刺客，但是他帶著弓箭遠遠看到佛陀，便被其威儀所懾服，拜倒佛足。「來吧朋友，」佛陀溫和地說：「不要害怕。」因為他知道自己犯了錯，所以佛陀原諒他的犯行。佛陀還為這個士兵宣說適合優婆塞的法，不久以後，這個悔過的刺客也成佛陀的弟子。提婆達多的同謀就這樣一個個被佛陀感化。[8]後來，提婆達多只好自己動手。他先是在山崖上放巨石，想要砸死佛陀，卻只是傷到佛足出血。

6. Ibid., 7:3.
7. Ibid.
8. Ibid.

他又找來一頭叫作那羅祇梨（Naligiri）的有名狂象，到佛陀前面放開牠。但是那羅祇梨看到牠的獵物時，反而安靜地跪了下來，佛陀撫摸牠的前額，對牠解釋說，暴力對牠的下輩子沒有好處。那羅祇梨用象鼻為佛陀除掉灰塵，撒在自己的頭上，然後退去，以愛慕的眼神望著佛陀，直到佛陀遠離。牠平靜地緩步回到象棚，從此性情變得溫和許多。[9]

共謀者看到佛陀安好無恙，於是改變策略。阿闍世王子奪得權力後，拋棄了提婆達多，成為佛陀的在家弟子。提婆達多人孤勢單，於是想在僧伽裡找尋支持者。他找上毘舍離城裡年輕資淺的比丘，辯稱佛陀的中道偏離傳統，是不足取的。佛教徒應該回歸傳統苦行主義更嚴格的理想。提婆達多舉出「五法」：盡形壽著糞掃衣，盡形壽常乞食，盡形壽唯一坐食，盡形壽常居迴露，盡形壽不食一切魚肉血味鹽酥乳等。[10]這或許是提婆達多叛逆的真正歷史重點。有些保守的比丘或許因教團的規定鬆懈而想要脫離僧伽。提婆達多或許結合了這個改革運動，而他的敵人，佛陀中道思想的擁護者，或許就在我們看到的毘奈耶裡揑造許多傳說來詆毀提婆達多。

提婆達多提出他的五法，要求佛陀制定為整個僧伽必須遵守的規定，佛陀拒絕了，他說任何僧侶都可以自由決定是否要過這種生活，但是強制規定這種事，則違反了教團的精神。比丘們應該自己作決定，不能強迫他們聽從其他人的話。提婆達多得意極了。佛陀拒絕了他的偽善要求。他趾高氣昂地對跟隨他的信徒宣布，佛陀耽溺於驕奢放縱，他們有責任唾棄這些墮落的弟兄。[11]提婆達多率領著五百比丘到王舍城外的伽耶山（Gayāsisa），佛陀則派舍利弗和目犍連去說服背叛的比丘回來。提婆達多看到他們走近時，以為他們也是背棄佛陀來加入他們的。他得意洋洋地在深夜召集比丘們對他們演說。然後他抱怨背痛，便回去睡覺，把講台交給舍利弗和目犍連。這兩個忠實的上首弟子開始演說，他們一下子就說服比丘們回到教團，而佛陀也沒有處罰他們。[12]有些經典

9. Ibid.
10. Ibid.
11. Ibid.
12. Ibid., 7:5.

說提婆達多是自殺死的；有些則說他死前原本很想和佛陀和解。無論這些故事的真實性如何，他們都訴說著年老的痛苦；這些故事都帶著訓誡的意味。即使是僧伽，也無法免於我執、野心和論諍，這在團體生活裡是很常見的。

佛陀在晚年始終在反省這個危險。他已經八十歲了。阿闍世王鞏固了他在摩揭陀國的權力，不時來拜訪佛陀。他計劃要攻打末羅、毘提訶、離車毘（Licchavi）、拘利、跋耆等國，他們都在摩揭陀國東邊，以前組成防禦聯盟，稱為「跋耆族」。國王決定讓他們從地圖消失，併入他自己的王國。但是他在出兵前，派遣他的宰相，婆羅門種姓的雨勢（Vassakāra），去告訴佛陀他的意圖，並且仔細聽佛陀怎麼評論。佛陀諱莫如深地對雨勢說，只要跋耆族忠於共和國的傳統，「共俱集會，俱作跋耆事，……未施設者不更施設，本所施設而不改易，舊跋耆法善奉行也，……有名德尊重者，跋耆悉共宗敬、恭奉、供養，於彼聞教則受」，那麼阿闍世王就無法打敗他們。雨勢專心聆聽，然後告訴佛陀說，跋耆人現在都符合這些條件，所以他們其實是無法打敗的。他回去轉告阿闍世王。[13]然而在佛教傳說裡，國王後來還是打敗了跋耆族：他派間諜到共和國裡，製造國王之間的齟齬。雨勢走後，佛陀還有一段語重心長的話。他把這些條件應用在僧伽上：只要比丘們敬重有德長者、共俱集會、絕對信守佛法，那麼僧伽便可以存活下去。[*6]

部落的共和國式微了。他們屬於過去的時代，不久就被新興的軍事王國掃蕩廓清。波斯匿王的兒子接著攻打釋迦族，到處燒殺擄掠，那是佛陀的族人。但是佛陀的僧伽是依據古老的共和政府為藍本而更新的、更合乎時宜的、善巧方便的宗教團體。沒錯，暴力而高壓統治的君主專制，很快就會被人遺忘。然而這是個危懼不安的世界。僧伽無法倖免於在提婆達多事件當中紛擾不斷的內部論諍、不敬師長、缺乏慈悲以及短視淺薄。比丘和比丘尼在禪修時必須令心淨化、棄除昏沉、精進、正念正智，唯有如此才能證得菩提。只要比丘們「不喜沾染俗務、不愛好閒談、不喜偷懶、不喜交遊、不懷邪欲、或為邪欲所左

13. *Dīgha Nikāya*, 16.

右、不與惡人為友或伴侶、不因已證小果而停止進趣最高聖位」[14]，那麼僧伽就不會衰微。如果他們做不到，那麼僧伽就和其他俗世的組織沒什麼兩樣，他們也會淪為君主專制的邪惡的犧牲品，而無可救藥地墮落腐敗。

在接見過雨勢之後，佛陀離開王舍城，到毘舍離去結夏。阿闍世王透露要「摧毀跋耆且使之根絕滅種」的計劃，這讓佛陀一時憂心悄悄，也感覺到自己和那遭遇危難的共和國之間血濃於水的關係，他大部分的時間還是在拘薩羅和摩揭陀遊化，也在那裡完成了重要的傳道工作，但是這個老人現在為了這些嗜血的王國的窮兵黷武感到煩惱不已，於是他動身前往恆河流域的邊緣地區。

佛陀帶著大群的比丘，慢慢遊行經過摩揭陀國，先是那爛陀（Nālanda）然後到了巴吒釐村（Pāṭaligāma）（現在的巴特那〔Patna〕），後來成為偉大的佛教國王阿育王（c. 269-232 B.C.E.）的首都[*7]，他將會創造一個遠離暴力的王國，試著體現佛法的慈悲倫理。佛陀看到摩揭陀兩個大臣[*8]在巴吒釐村築造城寨，準備要和跋耆人對戰，便預言這個城市未來的偉大。當地的優婆塞供養佛陀休憩之所，鋪諸敷具，安置油燈，佛陀為村民宣說適合優婆塞的法，直到深夜。他指出，因修戒而成持戒者，可以在此生獲得利益，身壞死後，可以生於善處天界，更接近證道。[15][*9]

最後，佛陀到達毘舍離。乍看之下，一切似乎依然如故。他住在菴婆波梨（Ambapālī）的菴摩羅樹林裡，菴婆波梨是城裡最有名的妓女。她駕著最華麗的馬車來歡迎佛陀，禮敬世尊，卻坐一面，聽佛說法，並且邀請佛陀到她家裡吃晚飯，佛陀默然許可。住在毘舍離的離車毘族人知道了以後，駕著華麗的車隊浩浩蕩蕩地來邀請佛陀接受供養。那個景象很壯觀，他告訴比丘們說，這個場面可以媲美忉利天。離車毘族人坐在佛陀四周，聽聞世尊說法，他們「受教承訓，為所鼓舞，心生歡喜」。說法結束，他們便開口邀請佛陀吃晚飯，當佛陀告訴他們說他已經接受菴婆波梨的邀請時，他們非常沮喪，揮揮手說：「嗚呼悲哉，今一小婦人，我等為所辱。」晚上吃飯的時候，那個妓女把園林奉獻

14. Ibid.
15. Ibid.

給佛陀，佛陀便暫住在那裡，為比丘說法。佛陀周圍依舊是人來人往，充滿魅力和鼓舞，而佛陀在其中諄諄教誨他們要專注於念住和禪定的內在生活。[16]

但是畫面開始黯淡下來。佛陀率領比丘離開毘舍離，住在鄰近的竹林村（Beluvagāmaka）。他們在那裡住了一陣子，佛陀突然遣走他的比丘們，要他們回到毘舍離，各自找個地方度雨安居。而他和阿難則是在竹林村度雨安居。佛陀又回到獨居的生活，從此以後，他似乎迴避各大城市，盡挑偏僻的小村落。他似乎要離開世界了。比丘們離開以後，佛陀生了一場重病，但是他以自制力忍耐痛苦，而克服了疾病。現在還不是入滅（parinibbāṇa）的時候，入滅是他在菩提樹下證道的圓滿句點。他必須先向僧伽道別。於是佛陀病癒，從居室出，和阿難一起走到大門。

他的病使阿難驚慌失措。「世尊，我見世尊安健。世尊，我見世尊堪耐，」阿難坐到佛陀旁邊時顫抖地說。他第一次明白他的導師也會死去。「我見世尊有疾身衰，我深惶恐，不知東西，於法迷昧，」他說。但是他想到一件事，就安心多了：佛陀在安排好教團的延續和管理之前，是不會就此圓寂的，教團在佛滅後必定會有所改變。佛陀嘆息。「然則阿難，諸比丘眾於我尚有所待望耶？」他耐心地問。比丘們已經知道了所有他要教導的東西了。他並沒保留什麼秘密教義給上座弟子。證道的人是不會有「我導比丘眾」或「比丘眾依我」之類的想法。「阿難，我今衰老，為一老人，齡齒老邁，年已八十，」佛陀堅定地說：「譬如故車，依革紐助，以趨以行，阿難，如來身體，亦復如是。」唯一使他感到舒暢輕快的，就只有禪定，而禪定也使他得到涅槃的寂靜解脫。每個比丘和比丘尼也應該如此。「當以己為洲，以己為依處，不以他人依處。」佛教徒不可以依賴他人，仰仗他人來領導教團。「當以法為洲，以法為依處，不以他為依處而住。」[17]比丘如何以自己為依處呢？他們早已經知道答案了：透過禪定、靜慮、念住以及堅定地出離世間法。僧伽不需要有人統治，也不需要核心權威。佛教生活型態的意義就在於在內心裡發現源頭活水，

16. Ibid.
17. Ibid., *Saṁyutta Nikāya*, 47:9.

這使得依賴心顯得很可笑。

但是阿難還沒有證道。他不是個境界很高的瑜祇，沒有辦法達到這種自足的程度。他自己還是攀緣著他的導師，許多佛教徒無法深入禪定三昧，而需要依止佛陀以得到鼓勵，阿難就是這種典型。幾天後，阿難又聽到使他震驚的消息，均頭沙彌跑來告訴他說，舍利弗和目犍連在那爛陀村過世了。*10 佛陀看到阿難悲痛不已，又有點不高興了。他於法何所待呢？這不就是法的本質嗎？世界上沒有任何東西是恆久不變的，和心愛的人總有別離的一天。阿難以為舍利弗把佛教徒所信奉的佛法和智慧也帶走了嗎？戒律和禪定也跟著離開僧伽了嗎？「非也，世尊，」難過的阿難辯稱，他只是不禁想起舍利弗對於他們大家的恩澤。前來報訊的均頭沙彌把舍利弗的缽和袈裟呈給佛陀，那真是令人心碎的景象。佛陀又說了：「阿難，當以己為洲，以己為依處，不以他人依處。當以法為洲，以法為依處，不以他為依處而住。」18

佛陀不但不為他最親近的兩個弟子的死感到悲傷，對於他們的入滅，終於解脫分段生死，佛陀反而感到很欣慰。能夠得到這兩個如此受僧伽敬愛的弟子而教之，對他而言已經是人生一大樂事了。當他們走到旅程的終點時，他怎麼可以哀傷悲嘆呢？[19]但是對於未證道的人而言，佛陀走到生命的終點，應該會讓他們感到錐心泣血吧。近事弟子都離開了，只剩下阿難。經典試圖掩飾這個情景，但是不再有欣喜的群眾和諸多朋友的晚宴。相反的，佛陀和阿難，兩個老人，孤獨地勉力支撐，感受到生存的疲憊以及好友的凋零，這就是年老的真正悲劇。即使是佛陀，也隱然有落寞的感覺，魔羅，他的自我的黑暗面，在他生命裡的最後一次現身，正是暗示他的感傷。有一天，他和阿難兩人到毘舍離的塔廟去，佛陀說，究竟成正覺的人可以住世到這個歷史時期結束，如果他願意的話。[*11]經典告訴我們，他給了阿難很明顯的暗示。如果阿難懇求佛陀住世，佛陀悲憫人天眾生需要他的教誨，是有能力繼續留在人間的。但是，可憐的阿難又錯失了這個機會，他搞不清楚狀況，因而沒有請求佛陀留在僧伽，垂

---

18. *Dīgha Nikāya*, 16, *Aṅguttara Nikāya*, 8:10.

19. Ibid., 47:14.

住一劫。在早期的僧伽裡，有人便指摘阿難的這個過失；他多年事奉佛陀，佛陀自己當然是很讚賞他，但是他卻只得到這種可憐的回報。佛陀拋出這個暗示，阿難沒有看出其中的涵義，而只是禮貌而含糊地應答，然後就到不遠的樹下坐著。

或許，有時候連佛陀也會有一閃即逝的願望，在他的生命漸漸退潮的時候，盼望有個更瞭解他的朋友，因為這時候，他的黑暗自我，魔羅，又出現了。「請如來入般涅槃，」魔羅悄聲誘惑佛陀。為什麼還要客居在這裡？他可以取滅了，沒有必要再撐下去了。佛陀最後一次趕走魔羅。直到他完成傳法的工作，確定教團和梵行皆已成就，他才會般涅槃。*12但是他又說他的涅槃為時不遠了：「是後三月，如來當般涅槃。」[20]

經典告訴我們，佛在遮波羅（Capala）塔廟，以正智正念，「捨壽命行」（放棄生存的意志）。[21]這個決定使得整個宇宙產生劇烈的反應。人間大地震動驚怖，天鼓破裂，連阿難都明白有什麼事情要發生了。佛陀告訴後悔不已的阿難說，現在請求他垂住一劫已經太晚了。他現在要對僧伽正式道別了。在毘舍離園林的大林重閣講堂，他對所有從附近前來集會的比丘宣說，他沒有什麼新的東西要告訴他們的。「諸比丘，我所知法，已示汝等，」他說。他沒有任何保留，他們應該自己去實踐修習佛法。他們應該好好去理解他所宣說的法，以禪定去體會它，以瑜祇的「親證」去認識它。而他們更要饒益眾生，使眾生安樂。梵行不只是要利益證道者而已，而涅槃也不是比丘們可以私藏的賞報。他們必須「為饒益眾生，福樂眾生，慈愍世間，為饒益人天，福樂人天」。[22]

第二天早晨，佛陀和阿難在村中乞食之後，佛陀回頭對著毘舍離看了很久，那是他最後一次看它了。然後他們就前往犍荼村（Bhaṇḍagāma）。此後佛陀的遊行似乎都迴避大城市。他在犍荼村待了一陣子，為那裡的比丘說法，然後和阿難緩緩向北而行，經過授手村（Hatthigāma）、菴羅村（Ambagāma）、閻浮村（Jambugāma）、負彌村（Bhoganagama）（現在都已經不可考），最後

20. *Dīgha Nikāya*, 16, *Aṅguttara Nikāya*, 8:10.
21. *Dīgha Nikāya*, 16.
22. Ibid.

到了波婆村（Pāvā），住在鍛工之子純陀（Cunda）的菴羅林裡。純陀禮敬供養佛陀，專心聽佛說法，然後邀請佛陀吃一頓豐盛的晚餐，其中包括「旃檀耳」（sūkaramaddava）（嫩野豬肉）。沒有人確定那道菜是什麼：有些註釋家說那是在市場上賣的不老不嫩的野豬肉（佛陀不吃為他而殺的動物的肉）；有人認為那是碎肉醬，或者是某種餵豬吃的塊菌類蘑菇。還有人認為那是某種丹藥，純陀害怕佛陀在那天要入滅，於是給他吃這種藥，相信可以延長生命。[23] 無論如何，佛陀堅持要吃旃檀耳，而要比丘們吃其他菜餚。他吃完後，要純陀把剩下的旃檀耳挖個洞埋起來，因為沒有任何人——甚至是天人——能夠消化它。這可能只是對於純陀的廚藝的反諷，但是有些現代學者認為佛陀知道旃檀耳被下毒：他們認為，佛陀晚年的落寞以及遊化偏僻的村落，意味著佛陀和僧伽漸行漸遠，因而相信他像那兩個老國王一樣，也是被人害死的。[24]

但是巴利文經典完全不考慮這種駭人聽聞的可能性。佛陀要純陀掩埋食物是很奇怪沒錯，但是他確實已經病了一陣子，而且也預言自己命不久矣。那天晚上，佛陀開始吐血，腹痛如絞。但是他還是強忍著病痛，和阿難到拘尸那羅

（Kusinārā）。他到了末羅國，那裡的居民似乎對佛陀的教法不是很感興趣。經典說陪他去的還是那些比丘們，但是除了阿難之外，還有些教團的年長比丘隨行。在前往拘尸那羅城的路上，佛陀累了想要點水喝。雖然河水污濁，但是當阿難拿著佛陀的缽去取水時，馬上變得清澈許多。經典強調這些小故事，以調和佛陀最後的日子裡的悽愴蒼涼。我們看到，在佛陀最後的旅程裡，還度化一個末羅國的人，他碰巧是佛陀以前的導師阿羅邏仙人的弟子。他對於佛陀的寂定感到不可思議，於是歸依佛陀，以兩疊金色柔絹送給佛陀和阿難。但是當佛陀穿上時，阿難讚嘆說，柔絹因為佛陀清淨輝麗的膚色而光輝若失：佛陀解釋說，那意味著他到了拘尸那羅之後不久就要入滅了。後來佛陀又對阿難說不要因為他的死而責怪純陀：他在佛陀般涅槃前最後一次供養佛陀，會有殊勝的福

---

23. Ñānamoli, *Life of Buddha*, 357-58.
24. Michael Edwardes, *In the Blowing Out of a Flame: The World of the Buddha and the World of Man*, London, 1976, 45.

報。[25]

般涅槃是什麼？那是單純的毀滅嗎？如果是的話，這個空無為什麼被認為是輝煌的成就呢？這個「最終的」涅槃和佛陀在菩提樹下證得的涅槃寂靜有什麼不同？「涅槃」這個字的字面意義有「冷卻」、「熄滅」的意思，就像火燄一樣。在經典裡，於此生證得的涅槃是有餘（sa-upādi-sesa）涅槃。[*13]阿羅漢已經熄滅貪、瞋、痴三火，但是只要他還住在這個身體裡，使用感官和意識，感受到情緒，那麼他就是有「餘火」（upādi-sesa），有再度燃燒的潛在力量。但是當阿羅漢圓寂之後，五蘊便不再點燃，也不會在來世煽風點火。[26]因此，阿羅漢是不受後有，完全沉浸於涅槃的寂靜無漏裡。

但是那是什麼意思呢？我們看到佛陀總是不肯對涅槃下定義，因為那種超越感官和意識的經驗是言語道斷的。正如一神論者以否定的語詞去稱說神一般，佛陀有時候也會喜歡解釋涅槃「不是」什麼。他告訴弟子們說：

「此一境界，此處無地水火風、空無邊處、識無邊處、無所有處、非想非非想處，無此世他世，月日亦皆無。」[27]

這並不是說涅槃真的是「空」；我們看到，否認阿羅漢在涅槃中不再存在的理論，在佛教裡是個異端邪說。然而那是超越自我的存在，而且因為沒有我執，所以是神聖的。還沒有證道的我們，以及繫縛於我執的人，是無法想像這個境界的。但是斷除我執的人會知道無我並不是空無。當佛陀試著對弟子描述這個心靈裡的寂靜樂土是什麼景象時，他同時以肯定和否定的語詞。他說涅槃是「貪欲永盡、瞋恚永盡、愚癡永盡」，涅槃是「滅」，是「有漏盡」，「不退」、「不壞」、「無病」、「無怖」、「無憂」、「無諍」。所有這些謂語都在強調涅槃可以平衡我們在生活裡覺得難以忍受的事物。涅槃不是斷滅的狀態：

---

25. *Dīgha Nikāya*, 16.
26. Richard F. Gombrich, *Theravāda Buddhism: A Social History from Ancient Benares to Modern Columbo*, London and New York, 1988, 65-69.
27. *Udāna*, 8:1.

它是「無死」。但是我們也可以用肯定的語詞去描述涅槃：涅槃是「道」、「甚深」、「彼岸」、「無盡」、「寂靜」、「究竟」、「安穩」。「無漏、覆蔭、洲渚、濟渡、依止、擁護、不流轉。」[28][*14]這是人天的最高善，無邊的寂靜，是真正的棲止。這許多意象都使我們想到一神教裡用來描述神的語詞。

的確，涅槃就像佛陀自己一樣。後來大乘佛教會主張說，他完全融入涅槃，而與涅槃合而為一。就像基督教徒會冥想耶穌，好去想像神是什麼樣子，這些佛教徒也認為佛陀是涅槃狀態的人類化身。即使在他住世的時候，人們也這麼暗示。有個婆羅門不知道如何定位佛陀，因為他不在任何人間或天上的範疇裡，他感覺到，佛陀就像涅槃一樣，是「不一樣的東西」。佛陀告訴婆羅門說，他是「覺者」，已經擺脫俗世人類無聊而痛苦的限制，已經到達彼岸。波斯匿王也以佛陀為他的依止，是個安穩清淨的地方。當他出家以後，他便不斷探索人性的本質，直到他找到內心寧靜的新領域。但是他並不是唯一的覺者。任何人只要如實修習梵行，也可以在自己心裡找到這樂園般的寂靜。佛陀過了四十五年沒有我執的生活；他也因而能夠安住於煩惱當中。但是現在他走到生命的終點，他就要擺脫歲月對他的最後侮辱；在他年輕的時候使他激起貪著和愚痴的「柴束」，也就是五蘊，早就已經熄滅，現在也可以拋棄了。他就要到彼岸去了；他舉步維艱，卻充滿信心地走向這個偏僻的村莊，他要在那裡般涅槃。

佛陀和阿難這兩個老人，率領著諸比丘渡過熙連禪河（Hiraññavatī），在往拘尸那羅的路上，找個沙羅樹林休息。佛陀這時候感到劇痛。當他作師子臥以後，沙羅樹立即開花，花瓣如集雨一般地散落佛陀身上，即使這時候不是開花的季節。諸天人齊聚在這個地方，來見證佛陀最後的成就。但是讓佛陀更覺得寬慰的，是他的弟子們都能隨法而行。

佛陀臨終前，指示他的葬禮事宜。他的骨灰要像轉輪聖王那樣的安置；他的遺體要裹上幾層布，用各種香付荼毘（火葬），在大城市的四衢道起塔供奉。自始至終，佛陀都被比作轉輪聖王，在他證道以後，他告訴世界除了侵略

---

28. *Saṁyutta Nikāya*, 43:1-44.

和壓迫以外的另一種力量。年輕的喬達摩初訪摩揭陀和拘薩羅時的那些偉大的國王，如今已在荒塚之間。他們最後死於暴力和骨肉相殘，顯示君主專制充滿著自私、貪婪、野外、妒嫉、仇恨和毀滅。他們確實帶來繁榮和文化發展；他們代表著進步的軌跡，也造福人民。但是有另一種生活方式，是不需要如此暴力相向的，不汲汲於自我擴張，可以使人們更幸福，更符合人道。

葬禮的安排對阿難而言太困難了。他在這最後幾天的困惑使我們想起凡夫和阿羅漢之間的巨大鴻溝。阿難以聲聞知見熟悉所有的佛法，但是這知識無法取代瑜祇的「親證」。當他開始經驗到失去導師的痛苦時，這些知識都派不上用場。佛陀的入滅比舍利弗的死要使人傷痛得多。他以其俗世理性的心去理解苦諦，但是沒有融入自己的存有當中。他還無法接受萬物剎那變易的事實。因為他不是成就很高的瑜祇，而無法「觀照」這些教法，受持修道。他沒有像瑜祇那樣信心堅固，只感到心裡的刺痛。他聽完佛陀平靜地囑咐骨灰處置事宜之後，離開佛陀床側，跑到園林另一間小屋去，手把門閂，涕泣而立。他覺得非常挫折：「嗚呼，我在學地，猶有所為（我還是個聲聞，未獲道果），然而愍我教主，行將捨我，入般涅槃。」教團裡許多偉大的精神領袖都已經入滅。現在還有誰可以幫助他呢？還有誰會為他操心呢？

佛陀聽到阿難的哭泣，派人叫他過來。「止。阿難勿悲勿哭。」他不是時常對阿難說，沒有什麼是恆常不變的，分離是生命的法則嗎？佛陀最後說：「阿難，汝久侍如來，身業有慈，利益安樂，無二無量。口業有慈，利益安樂，無二無量。意業有慈，利益安樂，無二無量。阿難，汝善所為，宜事精進，速得無漏。」[29]

但是阿難還是割捨不下。他哭道：「世尊，唯願世尊，莫於此小城，竹藪中城，如枝葉城，入般涅槃。」佛陀大部分的時間，都在王舍城、憍賞彌、舍衛城和波羅奈城說法。他為什麼不回到這些城市之一，在所有上首弟子隨侍之下結束他的旅程，而要孤單地死在這裡，周圍都是無知的凡夫？經典顯示，早期的僧伽對於佛陀在拘尸那羅這個窮鄉僻壤裡入滅覺得很尷尬。佛陀安慰阿難

29. *Dīgha Nikāya*, 16.

說，拘尸那羅曾經是個繁華的城市，也是個轉輪聖王的首都。但是佛陀選擇在拘尸那羅入滅當然另有深意。佛教徒不能耽溺於過去的成就；僧伽必須不斷奮勇向前，以救度更多的有情眾生。再說，佛陀對於拘尸那羅這樣的荒涼村莊的看法也不同於凡夫。多年來，他訓練自己的意識和潛意識以完全不同的角度去觀照萬物，除去我執的扭曲障覆，這個我執始終遮蔽著大多數人們的判斷。他不需要我們許多人藉以支持自我尊嚴的外在榮耀。他是「如來」，他的我執已經「逝去」。一個覺者是不屑於想到自己的，即使是在他的病榻上。直到臨終之前，他都在想著如何饒益眾生，他邀請拘尸那羅的末羅人到園林裡來分享他的涅槃寂樂。他也花時間教導一個路過的商人，他原來是其他教派的弟子，卻被佛陀的教法深深感動，即使阿難抗議說佛陀生病而且很疲倦了。

最後，他以慣有的同理心去理解阿難的心情，回頭對阿難說：「阿難，汝等或作是念：『教主之言畢，我等失教主。』阿難，勿如是觀。阿難，依我所說所教法律，我滅度後，是汝等師。」[30]他總是要弟子們依法不依人，他自己並不重要。然後他對著陪他走完生命最後旅程的比丘們說法，再三叮囑他們要

「諸行是壞法，當以不放逸，而行精進」。[31]

佛陀說完對於比丘們最後的教誨之後，隨即入定，有些比丘想要進入他們在禪修時經常探索的最高意識境界，以跟隨他的旅程。但是他已經超越那些仍然受限於感官經驗的人們所能知道的一切境界。當天人讚嘆，大地震動，未證道的比丘們悲泣不已，佛陀經驗到一種寂滅，很弔詭的是，這個寂滅卻是存有的最高境界，也是人類的究竟目標：

「猶如強風吹飛火，
不入火數焰滅沒；
牟尼名身之解脫，
不入識數而滅沒。」[32]

---

30. Ibid., *Aṇguttara Nikāya*, 76.
31. *Dīgha Nikāya*, 16, *Aṇguttara Nikāya*, 4:76.
32. *Sutta-Nipāta*, 5:7.

譯注

*1. 見：《雜阿含經》卷三八：「摩竭陀王阿闍世毘提希子日日侍從五百乘車，來詣提婆達多所。日日持五百釜食，供養提婆達多。提婆達多將五百人別眾受其供養時。」

*2. 見：《根本說一切有部毘奈耶破僧事》，其中講述提婆達多種種劣跡惡行。

*3. 見：《犍度．小品》：「時，提婆達多滅童子相，持僧伽梨衣及鉢、衣，立於阿闍世王子前。時，阿闍世王子信樂提婆達多之神通神變，朝暮率五百車乘往奉事，並煮五百釜飲食供養之。時，提婆達多為利養、恭敬、名聲所蔽而心亂，生如是欲望：『我將統理比丘眾！』提婆達多生此心時即失彼神通。」

*4. 見：同前揭：「時，提婆達多從座而起，偏袒右肩，向世尊處合掌，白世尊曰：『世尊！今世尊衰老、羸弱、老邁、暮年、高齡也。世尊！今，安穩現法樂住，專心住，將比丘眾咐囑我，我統理比丘眾。』」

*5. 《五分律》卷三：「調達（即提婆達多），既失神足，便生惡心，欲害於佛。

白太子言：『今汝父王，正法御世，如我所見，衰喪無期，人命無常，眴息難保，何必長年，剋此王位，自可圖之，早有四海，我當害佛，代為法主，新王新佛，於摩竭國，共弘道化，不亦善乎。』太子答言：『父母恩重，過於二儀，顧復長育，欲報罔極，汝今云何，導吾此逆。』調達聞之，心無慚愧，猶以巧言，引誘其意，遂便迷沒，受悅其語。太子後時，蜜帶利劍，向于王門，內懷惡逆，不覺戰怖，於王門前，倒地復起。門官見已，便作是念，太子常來威儀庠序，今日如此，必當有故。即往問之。太子答言：『我欲殺王，是故如此。』又問：『太子為受誰教。答言調達。』」這段敘述顯示王子對弒父這個惡行是很猶豫的。

*6. 即七不退轉法，見：《中阿含．雨勢經》、《長阿含．遊行經》、《大般涅槃經》。

*7. 即後來著名的華氏城。

*8. 那兩個大臣是須尼陀和禹舍。

*9. 見：《長部．大般涅槃經》：「居士等！由戒之修行，此是持戒者之五得，何

等為五耶？居士等！守戒行善之持戒者，因為勤勉精進，獲大財富，此是守戒行善持戒者之第一得。復次，居士等！守戒行善之持戒者，善名遠播，此是守戒行善持戒者之第二得。復次，居士等！守戒行善之持戒者，無論參加任何社團，如剎帝利、婆羅門、居士或沙門，彼皆有自信力而心志安泰。此是守戒行善持戒者之第三得。復次，居士等！守戒行善之持戒者，死時不惱亂，此是守戒行善持戒者之第四得。復次，居士等！守戒行善之持戒者，身壞死後，生於善處天界。此是守戒行善持戒者之第五得。居士等！此等是守戒，持戒者之五得。」

*10. 舍利弗是在故鄉那爛陀村養病過世的，而目犍連則是後來在伊私闍梨山區被裸形外道以亂石打死，均頭沙彌只是報訊舍利弗之死，不可混為一談。舍利弗過世的故事，見《增一阿含》卷十八、十九。

*11. 《大般涅槃經》：「阿難，若有人修四神足，反復修行，如車如礎，確然而立，充分修積，切實修習者，隨意所欲，當得住於一劫或住一劫以上。」

*12. 《長阿含．遊行經》：「時魔波旬來白佛：『佛意無欲，可般涅槃，今正是時，

宜速滅度。』佛告波旬：『且止且止，我自知時。如來今者未取涅槃，須我諸比丘集，又能自調，勇捍無怯，到安隱處，逮得己利，為人導師，演布經教，顯於句義，若有異論，能以正法而降伏之，又以神變，自身作證，如是弟子皆悉未集。又諸比丘尼、優婆塞、優婆夷，普皆如是，亦復未集。今者要當廣於梵行，演布覺意，使諸天人普見神變。』」

*13.《增一阿含》卷七：「爾時世尊告諸比丘，有此二法涅槃界，云何為二。有餘涅槃界、無餘涅槃界。彼云何名為有餘涅槃界？於是，比丘滅五下分結，即彼般涅槃，不還來此世，是謂名為有餘涅槃界。彼云何名為無餘涅槃界？如是，比丘盡有漏成無漏，意解脫、智慧解脫，自身作證而自遊戲，生死已盡，梵行已立，更不受有，如實知之，是謂為無餘涅槃界。此二涅槃界，當求方便，至無餘涅槃界。如是諸比丘，當作是學。」

*14.見：《雜阿含．第八九〇經》：「如無為，如是難見、不動、不屈、不死、無漏、覆蔭、洲渚、濟渡、依止、擁護、不流轉、離熾焰、離燒然、流通、清涼、微妙、安隱、無病、無所有、涅槃，亦如是說。」

佛陀　一個覺醒的人

作者　凱倫・阿姆斯壯（Karen Armstrong）
譯者　林宏濤
編輯　張海靜
設計　ayen
行銷業務　王綬晨、邱紹溢、劉文雅
行銷企畫　黃羿潔
副總編輯　張海靜
總編輯　王思迅
發行人　蘇拾平
出版　如果出版
發行　大雁出版基地
地址　231030新北市新店區北新路三段207-3號5樓
電話　02-8913-1005
傳真　02-8913-1056
讀者傳真服務　02-8913-1056
讀者服務信箱E-mail　andbooks@andbooks.com.tw
劃撥帳號　19983379
戶名　大雁文化事業股份有限公司
出版日期　2022年2月初版
定價　400
ISBN　978-626-7045-16-9（平裝）

[A Lipper/Penguin Book]
First published in the United States under the title BUDDHA by Karen Armstrong.
Published by arrangement with Kenneth Lipper LLC and Viking, an imprint of Penguin Publishing Group, a division of Penguin Random House LLC.

歡迎光臨大雁出版基地官網
www.andbooks.com.tw

國家圖書館出版品預行編目資料

佛陀：一個覺醒的人 / 凱倫・阿姆斯壯（Karen Armstrong）著；林宏濤譯.
-- 初版. -- 臺北市：如果出版：大雁出版基地發行, 2022.02
　面；　公分
譯自：Buddha.
ISBN 978-626-7045-16-9（平裝）

1. CST：釋迦牟尼（Gautama Buddha, 560-480 B.C.）　2. CST：佛教傳記

229.1　　110021893